# BLACK&DECKER®

## La Guía Completa sobre

# PISOS

### Primera Edición en Español

**Incluye nuevos productos y técnicas de instalación**

**Creative Publishing**
international

**MINNEAPOLIS, MINNESOTA**
www.creativepub.com

**Creative Publishing international**

Derechos Reservados © 2010
Creative Publishing international, Inc.
400 First Avenue North, Suite 300
Minneapolis, Minnesota 55401
1-800-328-3895
www.creativepub.com
Todos los derechos reservados

Impreso en China

10 9 8 7 6 5 4 3 2 1

Library of Congress Cataloging-in-Publication Data: (on file)
Biblioteca del Congreso. Información de esta publicación catalogada:
(en archivo)

*Presidente y Director:* Ken Fund

**Home Improvement Group**

*Editor y Director:* Bryan Trandem
*Editor Administrador:* Tracy Stanley
*Editor Principal:* Mark Johanson

*Director Creativo:* Michele Lanci-Altomare
*Directores de Arte y Diseño:* Brad Springer, Jon Simpson,
    James Kegley

*Director de Fotografía:* Joel Schnell
*Director de Escenografía:* James Parmeter
*Administradores de Producción:* Linda Halls, Laura Hokkanen

*Diseñador Gráfico Artístico:* Danielle Smith
*Asistente de Escenografía:* Charles Boldt
*Editor y Edición:* Charles Peterson
*Editor Técnico:* Betsy Matheson
*Corrector:* Drew Siqveland

*Fotografía de la portada:* © Photolibrary

*Traducción al idioma Español:* Edgar Rojas-EDITARO
*Edición en Español:* Edgar Rojas, María Teresa Rojas
*Diagramación:* Edgar Rojas

*La Guía Completa sobre Pisos*
*Creado por:* Los editores de Creative Publishing International, Inc., en colaboración con Black & Decker®.
Black & Decker es una marca registrada de Black & Decker Corporation y es usado bajo licencia.

## AVISO A LOS LECTORES

Para una mayor seguridad, sea cuidadoso, precavido y utilice el buen sentido común cuando siga los procedimientos descritos en este libro. La editorial y Black & Decker no pueden asumir ninguna responsabilidad por daños causados a la propiedad ni a las personas debido al mal uso de la información aquí presentada.

Las técnicas mostradas en la obra son de característica general para varios tipos de aplicaciones. En algunos casos, será necesario el uso de técnicas adicionales no presentadas en el libro. Siempre siga las instrucciones de los fabricantes incluidas en los productos ya que al apartarse de las instrucciones podría cancelar las garantías. Los proyectos a lo largo de esta obra varían según los niveles de conocimiento requeridos: algunos quizás no son apropiados para el usuario promedio, y otros pueden requerir de asistencia profesional.

Consulte al departamento de construcción de su localidad para la información de permisos de construcción, códigos, y otras normas y reglas relacionadas con su proyecto.

# Contenido

La Guía Completa sobre Pisos

# Contenido (Cont.)

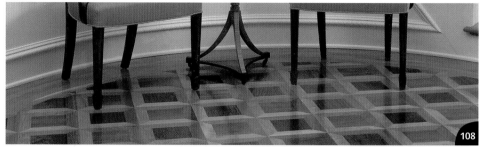
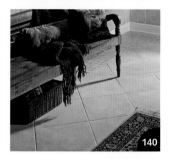

# Introducción

Aquellos que están en busca de buenos materiales para los pisos, nunca antes habían tenido más y mejores opciones. Sin importar su presupuesto, su experiencia en la elaboración de este tipo de trabajos, o preferencia en la decoración, casi que con seguridad encontrará una gran variedad de soluciones que se acomoden a su gusto y necesidad, así como diversidad de estilos y formas para escoger.

Los pisos de gran durabilidad, como los de madera y cerámica, siguen siendo opciones populares y atractivas para los consumidores. Su fortaleza es medida con el paso del tiempo a través de una hermosa variedad de colores y texturas. Sin importar si prefiere el brillo y suavidad del roble, o los llamativos colores del mármol, estos grandiosos pisos proveen soluciones excelentes para casi que cualquier habitación o área en la vivienda.

En cuanto a las variedades más populares, la tecnología ha mejorado su calidad en los últimos años por medio de la creación de materiales pre-laminados de mayor resistencia y durabilidad. Los pisos de material elástico tienen una superficie lisa, y las variedades ampliamente conocidas de vinilo y linóleo ahora se complementan con diversidad de opciones. Los pisos de linóleo son de material antiguo y tienen mucho en común con los pisos elásticos en rollo, pero son fabricados con productos naturales. En su versión original requieren de cierta experiencia y práctica para su instalación, pero las versiones modernas por lo general vendidas en rollos o paneles, son más fáciles de instalar y continúan ofreciendo las mismas agradables características de la versión original. Los pisos pre-laminados son muy populares y ofrecen alguna amortiguación. Su apariencia imita la textura de otros tipos de pisos como los de madera o laja.

Esta nueva variedad de productos es complementada con las innovaciones tecnológicas en el proceso de instalación. Ahora puede escoger tipos de ensamble entre piezas, con pegamento, o ensamble directo al piso como alternativas a los métodos tradicionales que requieren de más tiempo.

Por último, la cubierta del piso para cualquier habitación es simplemente la que tiene la mejor apariencia y se acomoda a cada lugar manteniendo su presupuesto. La única limitación que enfrenta considerando la gran abundancia de posibilidades, es que llegará al punto en que no tiene más pisos para cubrir en su vivienda.

# Planear los nuevos pisos

Al igual que cualquier otro proyecto de remodelación exitoso, reemplazar la cubierta de los pisos requiere de un plan y atención detallado. El piso no es un elemento separado del resto de la habitación; debe hacer parte del diseño total para crear el efecto deseado. El piso puede ser excitante y ser el punto de atracción, o puede convertirse en un componente de fondo que se combina con armonía.

Por medio de un cuidadoso plan puede escoger el piso que pueda usarse en diferentes áreas, o seleccionar un diseño especial para repetirlo a lo largo de una habitación, o habitaciones adyacentes.

Tenga en cuenta que el diseño escogido durará por mucho tiempo, en especial si instala pisos de madera o cerámica. En muchos casos la única forma de cambiar el diseño del piso es instalar uno nuevo.

La información presentada a continuación le ayudará a planear y diseñar la clase de piso que cumpla con sus necesidades. Después de revisar las páginas en la sección 'Pisos vistosos' en busca de ideas para los diferentes tipos de pisos, es recomendable visitar centros de distribución para seleccionar colores, estilos y formas del material que desea utilizar. Luego, siguiendo las direcciones presentadas en el resto de este libro, podrá crear suntuosos pisos y acabados que se complementarán con el resto de su vivienda.

## En este capítulo:

- Generalidades
- Anatomía de los pisos
- Selección de los pisos y diseño
- Pisos vistosos

# Generalidades

El piso es una de las partes más visibles de la decoración y su apariencia es de consideración importante en el momento de escoger el material. Inicie su proyecto recolectando ideas presentadas en revistas u otras publicaciones relacionadas, y visite los centros de distribución y depósitos de materiales para tener una imagen más clara de lo que está buscando.

Así como la apariencia es un aspecto importante, existen otros elementos que deben tenerse en cuenta en el momento de tomar decisiones. Sin duda el presupuesto disponible se encontrará en la cabeza de su lista, pero también debe pensar en la facilidad de instalación, la comodidad, longevidad, durabilidad, la resistencia a la humedad y la facilidad de limpieza. También debe evaluar la frecuencia en el uso, incluyendo la exposición a la humedad, y otras condiciones.

Cuando haga los cálculos del material necesitado siempre adicione de un 10 a 15 por ciento más del total de la medida del área para tener en cuenta el desperdicio en el momento de instalación (algunas instalaciones de alfombras o tapetes requieren de más sobrante). Siempre guarde material extra en el caso de tener que hacer futuras reparaciones.

**Mida el área donde va a instalar el piso** para calcular la cantidad de materiales que necesitará. Mida el largo y ancho del espacio total para determinar el área en pies cuadrados y luego reste las medidas del área que no va a ser cubierta, como las escaleras, gabinetes, y otros elementos permanentes.

## Pasos importantes a seguir en la instalación de pisos ▸

Utilice la lista siguiente para organizar las actividades en el momento de iniciar la instalación del piso:

- Mida con cuidado el área del proyecto. Debe incluir todos los rincones, closets, y el espacio por debajo de los electrodomésticos. Calcule el total de pies cuadrados del área a instalar.
- Utilice estas medidas para dibujar un plano sobre un papel para gráficas.
- Dibuje varias opciones de esquemas en un papel transparente sobre el plano principal para visualizar los resultados después de hacer la instalación.
- Identifique los lugares donde cambia la clase de piso y escoja el mejor material para utilizar en la transición.
- Calcule la cantidad de material necesitado para la preparación incluyendo las capas de base y lo utilizado para nivelar el piso.
- Calcule la cantidad de material necesitado para la instalación. Incluya el material del piso, pegamento, masilla, transiciones, tiras de soporte y tornillos. Adicione un 15% al total de los pies cuadrados como material

de desperdicio causado por los cortes. En algunas instalaciones de alfombra o tapete necesitará adicionar más material de deshecho. *Consejo: Para hacer un mejor cálculo del desperdicio, vaya a algún centro de distribución de materiales y lea la información que aparece en las etiquetas para determinar su alcance.*

- Haga una lista de las herramientas necesitadas. Averigüe dónde puede comprarlas o alquilarlas.
- Calcule el costo total del proyecto incluyendo todos los materiales de preparación, el piso, los materiales de instalación y las herramientas. Averigüe en diferentes almacenes para ahorrar dinero en los materiales más costosos.
- Establezca el costo de transporte del material desde los centros de venta hasta su vivienda. Por lo general siempre hay incluido un costo por este servicio.
- Calcule la cantidad de demolición que tendrá que hacer y planee cómo la va a remover de la casa.
- Establezca cuántos muebles y electrodomésticos tendrá que mover para minimizar las inconveniencias que se van a crear durante el tiempo de trabajo.

# Anatomía de los pisos

a estructura común de un piso incluye una serie de capas que trabajan juntas para suministrar el soporte necesario y la apariencia deseada. Entre estas partes de incluyen:

1. Vigas. En la parte inferior del piso se encuentran las vigas, soportes de 2 × 10 o más grandes, que soportan el peso del piso. Están por lo general separadas cada 16" a partir del centro.
2. Subsuelo. El subsuelo es clavado a las vigas. La mayoría de los subsuelos instalados a partir de los años 70 están hechos con chapados con ensambles macho-hembra de ¾". En casas más antiguas consiste de tablones de 1" de espesor clavados diagonalmente a lo largo de las vigas.
3. Base del piso. La mayoría de constructores colocan un contrachapado de ½" como base. Algunos pisos (como la cerámica) requieren de tableros de cemento para su estabilidad.
4. Pegamento. En muchas clases de pisos se aplica una capa de pegamento o cemento sobre la base antes de su instalación. Las alfombras requieren por lo general de tiras de clavado y espuma en la base.
5. Pisos. Otros materiales como los pisos pre-laminados o piezas cuadradas de alfombra o tapete pueden instalarse directamente sobre la base con muy poco o ninguna clase de pegamento.

## El asbesto y los pisos ▶

Los pisos elásticos hechos antes de 1980 pueden contener asbesto y puede causar problemas severos en los pulmones si es inhalado. La forma más fácil de solucionar este problema es cubrir los pisos con un nuevo material. Si debe remover el piso, consulte un profesional en asbesto o al inspector de construcción de su localidad sobre las regulaciones en el manejo y eliminación de esta clase de pisos.

## Corte esquemático de un piso común

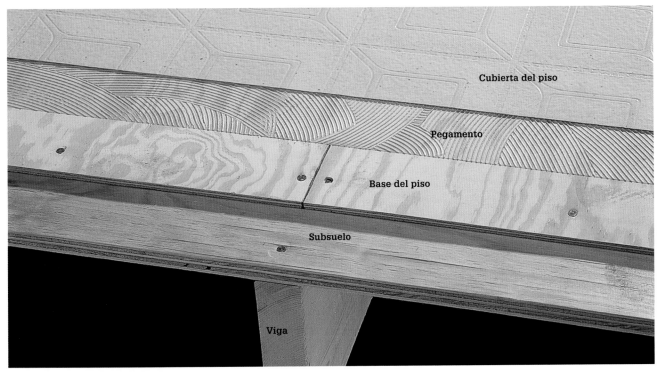

Cubierta del piso

Pegamento

Base del piso

Subsuelo

Viga

**No todos los materiales del piso** requieren de pegamento. Algunos materiales como los pisos pre-laminados de ensamble directo se instalan simplemente sobre el subsuelo.

## PISO ELÁSTICO

**Opción 1:** El piso elástico existente puede servir como base para los pisos más modernos, incluyendo este mismo material, pisos de madera y alfombra o tapete pero sólo si la superficie se encuentra lisa y resistente. Compruebe que el piso no tenga partes sueltas, rajaduras, huecos, burbujas de aire o áreas despegadas. Si las fallas son menos del 30% del área total, puede quitar esas partes y remendar el suelo con mezcla para nivelar. Luego aplique un nivelador a todo el piso y déjelo secar antes de instalar el nuevo piso.

**Opción 2:** Si sospecha que el piso original elástico contiene asbesto, puede instalar uno nuevo sobre la superficie vieja después de reparar los daños notorios.

**Opción 3:** Si va a instalar baldosa de cerámica, o si la superficie existente está en muy mal estado, debe remover por completo el piso elástico viejo antes de instalar el nuevo. Si está unido con pegamento, por lo general es más fácil remover el piso y la base al mismo tiempo. Si este es el caso, deberá instalar una nueva base antes de colocar el piso nuevo.

## BALDOSA DE CERÁMICA

**Opción 1:** Si la superficie de la cerámica actual se encuentra relativamente sólida, puede instalar la nueva por encima. Revise si tiene rajaduras y si hay piezas sueltas. Quite las partes averiadas y remiende los daños con mezcla para nivelar el piso. Si va a instalar pisos elásticos, aplique una capa de un producto nivelador antes de instalar el piso nuevo. Si va a colocar nueva cerámica sobre la vieja superficie, aplique una mezcla delgada de cemento con base de resina epóxica para lograr una mejor adherencia.

**Opción 2:** Si más del 10% de la cerámica se encuentra en mal estado, es mejor remover todo el piso antes de instalar el nuevo. Si es difícil separar la cerámica de la base, remueva ambas partes (la cerámica y la base) e instale una nueva base.

## PISO DE MADERA

**Opción 1:** Si va a instalar alfombra o tapete puede por lo general instalarlo directamente sobre el piso de madera teniendo en cuenta que esté bien clavado o pegado debajo de la superficie. Inspeccione el área y clave las partes sueltas de la base con puntillas en espiral para piso.

Remueva cualquier parte averiada y nivele las partes con la mezcla correcta antes de instalar la alfombra o tapete.

**Opción 2:** Si va a instalar pisos elásticos o de cerámica sobre el de madera clavado o pegado a la base, instale una nueva base sobre el piso antes de colocar el nuevo material.

**Opción 3:** Si el piso actual es de madera o de superficie laminada "flotante" con una espuma como base, remueva todo el material antes de instalar el piso nuevo.

## BASE DEL PISO Y SUBSUELO

La base debe estar suave, sólida y nivelada para garantizar un trabajo duradero. Si la base actual no cumple con estos requisitos, remuévala e instale una nueva base antes de instalar el nuevo piso.

Antes de instalar la nueva base, compruebe que el subsuelo no tiene quebraduras, espacios abiertos, huecos o piezas sueltas. Asegure las áreas sueltas con tornillos y llene las partes averiadas con mezcla para nivelar. Reemplace o quite las partes averiadas por la humedad.

## ALFOMBRA O TAPETE

Sin excepción, toda la alfombra o tapete debe ser removido antes de instalar cualquier piso nuevo. La alfombra tradicional puede cortarla en piezas. Luego remueva la base de espuma y las tiras de clavado. Quite el pegante de la base con una espátula para pisos usando la misma técnica para remover pisos elásticos (ver página 53).

**Establezca una técnica lógica de trabajo.** Muchos trabajos con pisos son hechos como parte de un proyecto más grande de remodelación. En este caso, los pisos deben ser instalados después que las paredes y el techo están terminadas, y antes de instalar aparatos eléctricos. Proteja el piso nuevo con papel grueso o lonas mientras que termina todo el proyecto.

# Evaluación de los pisos

**Cuando instale pisos nuevos** sobre viejos, mida los espacios verticales para comprobar que los electrodomésticos van a encajar por debajo de la encimera después que el nuevo piso ha sido instalado. Use muestras del nuevo piso cuando tome las medidas.

**Las piezas elevadas** de transición por lo general indican que ya se han instalado varias capas de piso (una por encima de la otra). Si este es el caso, es mejor quitarlas antes de colocar un nuevo piso.

**Las combas sobre pisos** de madera indican que los maderos se han soltado de la base. No quite el piso. En su lugar clave de nuevo los maderos abriendo huecos guía y colocando tornillos o puntillas para piso. La alfombra nueva puede instalarse directamente sobre el piso bien clavado. La cerámica o el piso elástico debe ser instalado sobre una base colocada sobre el piso de madera.

**La cerámica suelta** indica que el pegamento ha perdido su adherencia por completo. Utilice una navaja de pared para revisar las piezas. Si se levantan con facilidad en diferentes partes del área, debe remover el piso en su totalidad.

**Las burbujas de aire** atrapadas por debajo de pisos elásticos indican que el pegamento no está funcionando. Deberá remover el piso antiguo antes de instalar la nueva cubierta.

**Las rajaduras en las uniones** alrededor de la cerámica es señal que el movimiento del piso ha causado daño en la capa de pegamento. Si más de 10% de la cerámica está suelta, quite todo el piso. Revise el estado de la base (vea la página opuesta) para determinar si también debe ser reemplazada.

# Selección de los pisos y diseño

## Madera

Los pisos de madera son los favoritos de los consumidores por una buena razón. La grandiosa variedad permite encontrar casi que cualquier estilo para combinarlo con infinidad de diseños. El material es natural y extremadamente durable. Son muy confortables al caminar, fáciles de instalar, y sus precios son competitivos comparados con la cerámica o la piedra. También puede escoger una enorme cantidad de colores en sus acabados para acomodarlos con su diseño exclusivo.

La clase de madera escogida tendrá un efecto importante en la apariencia final del piso. La especie más común de parqué es el roble, porque tiene una veta muy consistente y con mínimas variaciones en su configuración y color. El roble es muy buena opción en viviendas con elementos de decoración llamativos (con lámparas brillantes o muebles coloridos) o en habitaciones que merecen un piso atractivo para contrastar con un sencillo interior. Algunas especies de madera, como el cerezo u otras más exóticas, presentan grandes variaciones en las vetas, matiz y tono entre cada pieza. Son más apropiadas en pisos que se resaltan por sí mismos y son los centros de atracción entre los elementos que configuran toda la decoración.

Al seleccionar los pisos de madera considere las dimensiones de los tablones. La madera tradicional es vendida en piezas delgadas de aproximadamente 2¼" de ancho. La madera sólida viene en diferentes longitudes, pero la chapada para pisos es por lo general de tres, cuatro o cinco pies de largo. La madera pre-laminada varía de 3½ hasta más de 12" de ancho y crea una apariencia distintiva e informal en salones o en áreas despejadas. Esta madera es hecha por lo general con especies de la familia del pino. El parqué es creado pegando los bordes de tiras sólidas y cuadradas de madera hasta formar piezas en forma de cerámica para luego ser unidas en patrones de arenque o 'espina de pescado'. Los pisos de parqué son usados en áreas más formales como a la entrada del vestíbulo, o a lo largo de casas históricas que presentan otros tipos de decoración más elegantes. Está disponible en un espesor estándar de ¾" o en un tamaño especial de 5/16" recomendado para instalar sobre placas de concreto.

La clase de madera que escoja tendrá un gran impacto en la apariencia final del piso. Si la madera tiene una veta natural atractiva, se aconseja darle un acabado con una capa protectora transparente, como un barniz de poliuretano. Los pisos de madera naturales pueden ser cubiertos con tinturas de tonos claros o bien oscuros, pintados de color negro, o darles un acabado completamente único. Vale la pena notar que los instaladores profesionales de pisos raramente pintan la superficie de algún color porque las raspaduras que penetran la capa de pintura son por lo general muy visibles y afectan la apariencia final. La mayoría de la madera está disponible en colores pre-acabados.

**Listón de madera (roble)**

**Piezas de parqué**

**Los pisos naturales** crean un ambiente agradable y atractivo. Desde los marcos de las puertas y ventanas hasta la repisa de la chimenea, la madera combina lo práctico con lo elegante.

# Opciones exóticas ▸

La disponibilidad de especies de madera varía según la región. La mayoría de las clases en Norte América son utilizadas en la fabricación de pisos. Los depósitos por lo general se abastecen de roble y arce, pero el cerezo, el fresno, el caoba, el nogal, y muchas otras especies pueden ordenarse directamente. Los bosques norteamericanos le dan para escoger suficientes calidades para los pisos, y existen otras especies aún más exóticas si tiene el presupuesto necesario. Las especies exóticas importadas brindan fascinantes formas y colores. Entre ellas se resaltan:

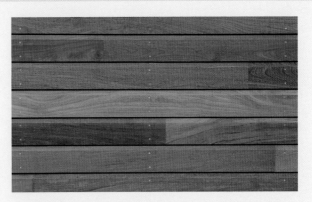

**Ipé (Brasil).** El árbol de nogal brasilero presenta maderos con vetas uniformes e irregulares, así como un color rojizo marrón muy atractivo.

**Wenge (África).** Con un color natural marrón oscuro, casi que negro, el wenge ha sido utilizado por mucho tiempo como una madera fina para muebles. La estructura seductora de la veta es muy notoria y la madera es cortada en su mayoría en placas más anchas.

**Palo de Rosa de Patagonia (Chile).** Esta elegante opción tiene tonos oscuros que se aclaran con el tiempo. Presenta tiras marcadas a lo largo de las vetas que adicionan un interesante tono al brillo natural de la madera.

**Cumaru o Teca (Brasil).** La veta burda y ondulada, y el tono rojizo quemado que se desvanece con el tiempo hasta llegar a marrón, la convierten en una elección llamativa.

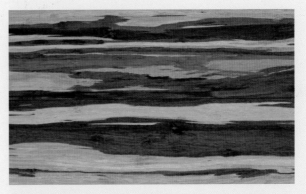

**Árbol de tigre (Latino América).** Esta madera liviana tiene una veta única, muy irregular y con estructura entrelazada de la cual deriva su nombre. El color varía desde un dorado marrón profundo hasta casi rubio. Esta madera resalta en espacios abiertos e iluminados donde su veta se muestra más atractiva.

## PISOS DE MADERA ECOLÓGICOS

La madera es uno de los materiales más favorables para el medio ambiente. Es renovable, no expele químicos peligrosos, y puede ser reciclado o descompuesto al final de su existencia. La cosecha del material se ha convertido en una práctica eficiente a la medida que el manejo de la tecnología ambiental tiene más control. Como consumidor, puede determinar si la madera ha sido extraída correctamente sin afectar los bosques naturales inspeccionando la etiqueta oficial del Consejo de Administración Forestal —Forest Stewardship Council (FSC)— estampada en el producto. Esta marca indica que la madera proviene de bosques certificados y administrados según las normas del Consejo.

Otra forma de ayudar a preservar los bosques es utilizar pisos reciclados. Este tipo de pisos es fabricado de maderos recuperados de edificaciones que han sido demolidas. La madera es rescatada de las vigas de viejas estructuras como bodegas o establos, o de madera en deshecho. Otra ventaja es que presenta superficies con apariencia única.

El bambú (aunque técnicamente es una yerba y no madera) es otra alternativa con buenos beneficios para el medio ambiente. Se fabrica en tiras y se instala de igual manera que la madera, y crea pisos muy interesantes y de muy buena durabilidad. Debido a que la planta crece con rapidez y el proceso de cosecha tiene mínimo impacto ecológico, los pisos de bambú se consideran como una de las mejores alternativas para conservar el medio ambiente.

## Madera certificada —FSC ▸

El Consejo de Administración Forestal —Forest Stewardship Council (FSC)—, es una entidad mundial sin ánimo de lucro que certifica bosques y productos de madera siguiendo las normas estándar de manejo. Los productos con esta etiqueta han sido controlados por otras entidades desde su estado natural en los bosques, proceso y distribución, como parte una 'línea de custodia'. La certificación FSC es la mejor forma de ratificar que los productos y materiales de madera provienen de fuentes renovables. Para mayor información al respecto, visite la página www.fsc.org en la Internet.

**Los pisos reciclados** son rescatados de materiales de viejas edificaciones. A veces es procesado en molinos y parece nuevo por completo, y otras es instalado básicamente como fue encontrado.

**Los pisos de bambú** son fabricados presionando las hebras de la fibra del bambú con pegamentos. Es un recurso altamente renovable.

## MADERA PROCESADA PARA PISOS

En la escala de calidad, la madera procesada para pisos se ubica entre los pisos de madera y el piso sintético laminado. Las tiras de madera procesada están compuestas de una capa delgada superior colocada sobre dos capas de contrachapado perpendiculares la una a la otra. Este tipo de construcción le da una gran resistencia a los pisos y crea una textura sobre la superficie similar a la madera. Debido a que la superficie es de madera, los pisos son hechos de la misma especie de árbol como los pisos de madera sólida. Los pisos procesados son vendidos por lo general pre-acabados y a menudo se instalan con empalmes similares a los pisos laminados. También son más favorables al presupuesto comparados con la madera sólida. La desventaja de estos pisos es que en la mayoría de los casos sólo pueden lijarse una sola vez.

## PISOS LAMINADOS

Los pisos laminados se han convertido en los preferidos de los entusiastas constructores en los últimos años debido a su facilidad de instalación y a su costo relativamente bajo. Se consigue en tiras o paneles pequeños (parecidos a las tiras) y es construido en una capa a base de un producto de madera unido en forma de estampado fotográfico que imita la madera (o a veces no) de los pisos. Estos pisos se venden en estado pre-acabado cubiertos con una capa protectora de óxido de aluminio altamente durable.

Aún cuando algunos productos laminados se instalan pegando los bordes, la mayoría de estos productos vendidos en la actualidad se instalan como piso 'flotante' con piezas que se ensamblan juntas en forma rápida sin requerir conectores o pegamento (en muchos casos se recomienda instalar un pegamento sobre el área). Las vetas y colores son consistentes e uniformes a lo largo de las tiras (o en algunos casos sobre las piezas cuadradas), creando un diseño sin ningún cambio para el observador.

Muchos de los pisos laminados son resistentes al agua lo cual los convierte en una buena alternativa para los pisos de madera en aquellas áreas expuestas a la humedad (como los sótanos bajo el nivel del piso y baños). Lea la información de la garantía del fabricante en cuanto a la protección contra la humedad en los pisos que está considerando instalar.

**Los pisos de madera** tienen una capa de madera muy durable que luce y se desgasta como la madera sólida.

**Los pisos laminados** se han convertido en un material favorito de los constructores entusiastas debido a su bajo costo y fácil instalación.

# Pisos elásticos

Como el nombre lo indica, los pisos elásticos tienen una superficie suave que "rebota" y es cálida y confortable al pisarla. Es resistente a la humedad y ofrece algo de amortiguación en el caso de la caída de un cristal (por lo cual es el preferido en cocinas y baños). Los tres tipos básicos de pisos elásticos son el vinilo, el linóleo y el laminado. Los pisos de vinilo y linóleo vienen en forma de rollos y piezas cuadradas; los laminados se ofrecen en forma de tiras y también en piezas cuadradas estilo baldosa.

El vinilo es un material sintético durable con una superficie estampada impresa con un método fotográfico conocido como "rotogravure". Este proceso permite la reproducción de casi una cantidad ilimitada de colores, formas y diseños, incluyendo representaciones de superficies naturales como madera o piedra. Los pisos de vinilo también pueden ser moldeados para crear diferentes texturas de la superficie (desde completamente lisa hasta

rocosa). Los rollos de vinilo se consiguen en tamaños de 6 y 12 pies de ancho con cubierta trasera de PVC, espuma, o fibra de vidrio. La parte trasera indicará el método de instalación a seguir: pegamento de los bordes (o método de *pegamento del perímetro*) se usa con cubierta de PVC. La de espuma se pega por completo sobre la base (método de *pegado completo*). La cubierta trasera de fibra de vidrio se instala sin pegamento. Los cuadrados de vinilo en forma de baldosa vienen con una base auto-adhesiva (a menudo llamado *trasero pegajoso*) o sin pegamento.

El vinilo es una alternativa atractiva y económica para instalar en los pisos. Se usa comúnmente en sótanos o salones de juegos, cocinas, baños y cuartos de lavado. Si lo utiliza en áreas muy transitadas como la cocina o el baño de los niños, instale la versión gruesa (65 mils – 1.651 mm– o más gruesa) con una capa extra de uretano para mayor protección.

**Los rollos de vinilo para pisos** tienen una superficie resistente a la humedad y se instalan como unidades individuales (algunas veces con los bordes pegados).

**Las piezas de vinilo** en forma de baldosa también tienen una superficie resistente a la humedad. Las piezas se instalan sobre una capa delgada de pegamento.

Hace unos cien años el linóleo era una clase de piso muy popular. Aún cuando todavía está disponible en forma de rollos, este material es muy volátil y por lo general requiere de una instalación profesional debido a su tendencia a expandirse y encogerse. Cuando se trata de trabajar con este material, la mejor forma de lograr la suave textura es trabajar con linóleo en forma de piezas cuadradas instaladas como un sistema de piso flotante (*Marmoleum* es una de las marcas más populares —ver Recursos, en la página 266—).

Tanto el material de linóleo como el marmoleum son fabricados con colores saturados en muchos tonos, desde cálidos y neutrales hasta brillantes con tonos fuertes. La apariencia es enriquecida con una variedad de diseños que cambian desde rústicos y porosos, hasta montajes de gráficas y figuras en una gran diversidad de formas y todo tipo de diseños.

Además de su apariencia atractiva, los productos de linóleo son reconocidos por su naturaleza benéfica con el medio ambiente. Son fabricados con ingredientes naturales como el aceite de linaza, aserrín de madera, resinas, colorantes naturales y otros aditivos orgánicos. Los pisos no provocan daño al aire interior de las viviendas porque no expele gases volátiles orgánicos como lo hacen otros muchos tipos de acabados para pisos. El linóleo es también hipoalergénico y tiene además propiedades antibacterianas. Es un material biodegradable, y cuando llega el momento de reemplazarlo —no sucede a menudo con este producto que puede durar muchas décadas—, puede ser descartado con la seguridad que se descompondrá con rapidez y seguridad. La larga duración de este material justifica el cuidadoso proceso en el momento de escoger entre la multitud de colores, formas y diseños disponibles. Sin duda alguna preferirá vivir con una clase de piso que dure por mucho tiempo y que no pase tan pronto de moda.

**El linóleo es un producto natural** para la cubierta de los pisos que ha sido utilizado por más de un siglo.

**Las piezas de linóleo** en cuadrados ofrecen muchos beneficios similares a los rollos, y su instalación es mucho más fácil realizar.

# Piezas de cerámica y piedra

Los acabados de pisos de cerámica o piedra son recomendables para las cocinas y los baños donde dicho material (ya sea fabricado con arcilla en hornos o extraído de piedras) rechaza naturalmente a la humedad y es de gran resistencia al uso continuo de estas áreas. Sin embargo, el uso de estos materiales se ha extendido al resto de la vivienda, en especial en los vestíbulos, pasillos de entrada y salones familiares donde su buena capacidad de resistencia contra las manchas los hace fáciles de limpiar. Escoja estas piezas con cuidado ya que la gran mayoría durará por muchas décadas con el apropiado cuidado y mantenimiento.

Las baldosas de cerámica continúan siendo el tipo de material más común porque en términos generales es menos costoso que la piedra y la posibilidad de diseños es casi que infinita. Son fáciles de limpiar y mantener, y también son bastante durables. Puede instalarse en su estado natural sin afectar su estilo, como es el caso de la cerámica terracota, o pintarse con diseños únicos e intrincados. Los diseños pueden limitarse a una sola parte de la pieza (como crear acentos en los bordes) con patrones que fluyen de una cerámica a la otra. También pueden ser cubiertas con diferentes acabados que fluctúan desde una superficie altamente brillante hasta una opaca. Es importante tener en cuenta que este material tiende a ser quebradizo y puede rajarse con facilidad si algo pesado cae sobre el mismo. El piso se siente frío al contacto con los pies y no ofrece la variedad de superficies como es el caso de la piedra. La cerámica de porcelana es una clase muy popular tanto al interior como al exterior de las viviendas. Es más resistente y durable que la cerámica regular, pero a su vez lleva más tiempo cortarla.

La baldosa de piedra presenta una diversidad increíble de diseños y texturas. El costo sin duda tendrá que ser considerado en este momento, pero tenga en cuenta que su extrema durabilidad la hace más asequible a largo plazo.

Considerado como el rey de las cerámicas, el mármol es sinónimo de lujo y elegancia. Las venas y colores intrincados que cubren una gran gama —desde blancos elegantes y delicados hasta rojos dramáticos y verdes esmeraldas—, aseguran que los pisos de mármol siempre llamarán la atención. Esta atracción natural es la razón por la cual el mármol es por lo general reservado para instalarse en salones elegantes y con decoraciones llamativas que hacen resaltar la suntuosa apariencia de la piedra. Los baños fastuosos, los anchos vestíbulos con escaleras anchas, y otras áreas bien iluminadas de la casa son las preferidas para este tipo de pisos. Sin embargo, su belleza tiene un precio. El mármol es uno de los materiales para pisos más costosos, y entre más espectacular es su color y sus vetas, será más costoso. También requiere de un mantenimiento regular y es propenso a las manchas causadas por diversos líquidos como el agua, los jugos y el champú.

El piso de piedra más popular es el granito y se consigue en una interesante variedad de tonos y colores como grises tenues, púrpuras, verdes profundos y negros. La superficie del material es suave o rocosa, puede presentar fascinantes veteados, y su acabado puede ser brillante y elegante u opaco no resbaloso. En cualquier caso el granito es duradero y resistente a las manchas, y si la superficie presenta raspaduras por alguna razón, puede ser pulida hasta hacerlas desaparecer.

Las piedras caliza y arenisca son de composición similar y son buenas alternativas para el mármol o el granito. Ambos materiales son más propensos al desgaste porque son más suaves, pero ofrecen una delicada y sofisticada apariencia que es aceptable tanto en salones

**La baldosa de cerámica** es un material para pisos muy aceptado por el consumidor debido a su durabilidad, fácil instalación, y costo relativamente bajo de las variedades más populares.

**Las piezas de cerámica** tienen por lo general entre ³⁄₁₆" y ½" de espesor. Los tamaños comunes incluyen piezas desde 8 × 8" hasta 13 × 13" o más grandes, así como tiras de mosaico de 12 × 12".

**Las piezas de piedra** cortadas combinan la belleza natural de la piedra con la uniformidad y facilidad de instalación de la cerámica.

**Las baldosas de granito** pueden usarse en pisos o encimeras. Después de instalada, los espacios diminutos entre las baldosas se cubren con masilla de color similar o lechosa para crear una superficie homogénea.

**La piedra para patios o pasillos,** como la piedra en losa o cortada en laja, ofrecen su belleza y encanto natural con mayor frecuencia a los espacios interiores de la vivienda.

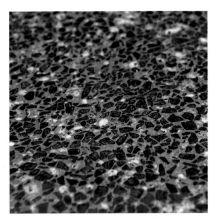

**El material llamado Terrazzo** es una baldosa dura fabricada con características similares al mármol, pero es menos costosa y se consigue en tamaños estándar.

como en comedores. La caliza y la arenisca tienen una estructura porosa y debe ser cubierta con un sellador para prevenir la infiltración de la humedad y la mugre. Ambos materiales están disponibles en una cantidad moderada de tonos bronceados, beige y grisáceos.

En el pasado el uso de los pisos de laja estaba limitado a los espacios exteriores. Ahora este material está encontrándose con más frecuencia en las cocinas, comedores y entradas informales. Su popularidad no es una sorpresa ya que la apariencia de esta piedra densa y dura es muy llamativa. Aquí encontrará hermosos colores con vetas fantásticas. Los tonos negros intensos, rojos quemados, azules y verdes son muy apetecidos. Todos poseen una belleza única, son resistentes a la humedad y a las manchas y muy buenos para esconder la mugre.

El traventine (o traventin), otro material de la familia de la caliza y arenisca, presenta texturas y colores muy elegantes (en su mayoría de color beige) que se complementan con muchos tipos de decoraciones. Puede cortarse en piezas cuadradas, sellarse y pulirse para imitar al mármol; o puede dejarse en su estado rústico y natural (poroso) para crear un ambiente al estilo "de campo". En tal caso deberá ser tratado cuidadosamente para crear una superficie sin poros y fácil de limpiar.

Otro material para pisos llamado *terrazzo* (terraza) es fabricado mezclando trozos de mármol con cemento y resina epóxica. El proceso permite al fabricante controlar el resultado final y de esa forma puede generar una variedad de colores y texturas casi que ilimitada. La apariencia puede variar según el tamaño de las piezas de mármol utilizado. Las vetas varían desde acabados burdos hasta bien suaves, con tonos monocordes mezclados o una mezcla de variedad de colores. El terrazo es a menudo combinado e instalado como un piso en su totalidad, pero ahora también está disponible en baldosas y lajas. Sin embargo, se recomienda su instalación por un profesional, aún en las versiones pequeñas.

## Baldosas de vidrio

Las baldosas de vidrio brindan un esplendor único al lugar correcto. Sus colores son por lo general vibrantes y se iluminan con la luz natural. Debido a que el vidrio es cuidadosamente tratado con calor (proceso que lo endurece), las baldosas de este material son más durables de lo que aparentan ser. Su uso es apropiado en una gran variedad de aplicaciones y decoraciones contemporáneas. Está disponible en una vasta selección de colores brillantes y semi-translúcidos, y en superficies opacas o esmeriladas y grabadas.

**Las baldosas de vidrio** tienen una cualidad translúcida que las hace prácticamente brillar en los pisos. La mayoría son vendidas e instaladas en tiras de mosaico.

# Alfombra o tapete

No existe otro tipo de material para el piso que se compare con la alfombra o tapete (en cuanto a la comodidad al caminar). La combinación de fibras suaves y base espumosa convierte a la alfombra en el piso favorito alrededor de la vivienda, en especial en áreas privadas como los dormitorios donde caminar descalzo es normal. La elegancia, calidad, presentación y durabilidad de la alfombra depende en general de la clase del material de fibra utilizado y las cualidades de la misma. La clase y espesor de la espuma de la base también influye directamente en la comodidad al caminar.

Las alfombras con fibras sintéticas son las más comunes, incluyendo el nylon, el acrílico, el poliéster y el polipropileno (también conocido como 'olefin'). El acrílico es raramente utilizado hoy en día para cubrir pisos de pared a pared debido a cómo se siente al caminar en su superficie, y su resistencia al uso y a la mugre no se iguala a las otras fibras. El nylon es la fibra más popular para las alfombras porque es durable, tiene una resistencia natural al uso y a las manchas, y se siente suave al caminar. El nylon mantiene su estructura a través del tiempo.

El poliéster también es una fibra popular por su habilidad de mantener los colores brillantes. Es resistente a las manchas y al decolorado, pero es más propenso a aplastarse que el nylon y por tal razón no es apropiado en lugares con bastante tráfico. Algunas clases de alfombras de poliéster son fabricadas con botellas de plástico recicladas. El poliéster es no-alergénico y se ha convertido en el material sintético más favorable para el medio ambiente.

La fibra del polipropileno es la más fuerte del grupo. Es altamente resistente a las manchas, al moho y a la caída de las fibras. El efecto al caminar sobre su superficie es similar al del nylon y por eso se ha convertido en su principal competidor.

La lana es otra opción lujosa y duradera para las alfombras y es la fibra más elegante y suave. La de baja calidad no es tan resistente a las manchas o a la mugre como las fibras sintéticas. La de más alta calidad es costosa. Muchos fabricantes mezclan las fibras sintéticas con las de lana para tomar ventajas de ambos materiales.

**La alfombra o tapete** es muy confortable al caminar y puede instalarse sobre pisos y bases de poco costo. Es quizás uno de los materiales para el piso más económico.

**Las alfombras con fibras sintéticas** son económicas y en general resisten bien las manchas. Las fibras de alta calidad poseen una superficie confortable y lujosa, mientras que las de menor calidad tienen un aspecto similar al plástico.

**Las alfombras de lana** o lana mezclada con otras fibras han declinado en popularidad debido a su costo alto, pero si su presupuesto lo permite, puede estar seguro que le gustará el material.

# Densidad de las fibras de una alfombra o tapete ▸

Al evaluar una alfombra, las fibras son apenas una parte a considerar. La otra parte se refiere a la densidad. Las alfombras son fabricadas entrelazando hilos a través de la parte trasera. Las trabas pueden cortarse o dejarse intactas, o su combinación puede crear texturas. La densidad es otro factor al analizar la calidad de la alfombra. Entre más fibras se introduzcan en un área determinada, más grande será la resistencia contra la mugre, el uso y el desgaste.

**La alfombra en traba** tiene una apariencia esculpida. Las trabas pueden crearse al azar o en un patrón repetitivo. Una traba densa es ideal para áreas transitadas, resisten las pisadas y no dejan marcas de huellas o máquinas de aspirar.

**La alfombra en traba con corte de terciopelo** es el tipo más denso de alfombra y es cortada de tal forma que su color permanece uniforme cuando se cepilla en cualquier dirección. Son recomendadas para salones.

**La alfombra en traba con corte sajón** (también conocido como lujoso) es construida específicamente para resistir presión y marcas mejor que el sistema de terciopelo. La fibra es cortada en forma biselada dándole una apariencia moteada.

Al escoger un rollo de alfombra, siempre revise su etiqueta que le informará la clase de fibra y la cantidad de trabas, densidad, anchos disponibles en los rollos (por lo general 12 ó 15 pies), tratamiento contra las manchas y mugre, y la duración de la garantía.

**Base acolchonada**

**Fibra en forma de traba**

**Fibra con traba de terciopelo**

**Fibra con traba de sajón**

Las piezas de alfombra en forma de baldosa se han popularizado en la última década. También se ofrecen con las mismas cualidades de densidad de los rollos. La base acolchonada es fácil de instalar y adiciona un toque de diseño al material. La alfombra es ofrecida por cajas y es posible mezclar y empatar colores y formas o, en el caso de algunos fabricantes, imágenes fotográficas.

La alfombra en forma de baldosa es mucho más fácil de instalar y remover que los otros tipos. Están adheridas al piso nivelado por medio de pequeñas cantidades de adhesivo suministrado por los fabricantes. Algunas clases más costosas son ofrecidas con una base acolchonada diseñada para descansar sobre el piso sin necesidad de adicionar adhesivos.

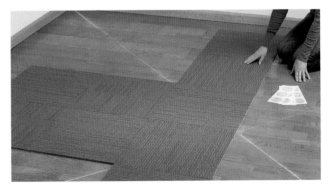

**La instalación de alfombra** en forma de baldosa (también llamada alfombra en cuadrados), es el piso más fácil de instalar. Muchos consumidores son atraídos por la reversibilidad de este material; si no le gusta el patrón de diseño, puede acomodarlo con facilidad.

# Diseño

Sin importar qué tipo de piso va a instalar, escoja los colores, diseños y texturas con cuidado; quizás tenga que vivir con su decisión por muchos años, o a veces décadas. Los pisos son uno de los elementos más visibles del diseño interior de la vivienda y esto lo convierte en uno de los más importantes.

Los pisos pueden ser considerados como el punto de atracción en el diseño de un espacio, o el fondo que se complementa con el resto de los elementos. Sin importar cuál sea su intensión, siempre considere el acabado de los pisos de los sitios o habitaciones contiguas cuando escoja los pisos. Debido a que el material fluye de un área a la otra en forma continua, los pisos son una forma de crear homogeneidad a lo largo de la vivienda. Esto no significa que debe utilizar la misma clase de piso en cada habitación. Si repite el color, mantiene constante la dirección de las vetas o la textura, puede ser suficiente parar crear la continuidad.

Los ejemplos presentados en estas páginas ayudan a ilustrar cómo la forma de escoger el color, las vetas y la textura del material del piso puede afectar la apariencia del diseño final.

**Siempre considere cuidadosamente** la forma como el piso va a influir en el resto de la habitación. Compare los colores de las muestras y ejemplos para estar seguro que su decisión final es la mejor.

**Establezca una continuidad** en el diseño instalando la misma clase de piso en las habitaciones adyacentes. Los bordes pueden ayudar a separar los diferentes espacios como lo muestra esta foto en el comedor.

**El color del piso** tiene impacto visual en una habitación. Los colores fuertes y brillantes llaman la atención, mientras que los opacos crean un efecto visual de fondo que no compite por la atención. Los colores también influyen en la percepción del tamaño del espacio. Los tonos oscuros son elegantes y pueden hacer ver el espacio más pequeño. Los claros son más contemporáneos y dan la apariencia de un cuarto más grande.

**El estampado del piso** influye en la apariencia y tono del espacio. Los patrones sutiles crean un ambiente relajado y pueden dar la impresión de un área más grande. Los estampados más fuertes y repetitivos generan puntos dinámicos de enfoque a su alrededor. Escoja con cuidado las vetas del piso para que no interfieran con el diseño del resto de la habitación.

**La textura de los pisos** influye en el estilo del resto de la habitación. La alfombra en forma de baldosa o en rollo da al espacio un tono neutral y acogedor. Las superficies suaves y brillantes, como el mármol pulido o los pisos de madera, crean un aire de elegancia.

# Pisos vistosos

El piso perfecto es un componente integral de cualquier diseño interior. Un piso bien escogido se armonizará y combinará con otros elementos de la habitación. También debe ser práctico y acomodarse a las necesidades de cada espacio. Por ejemplo, en el área de la cocina donde los derrames de líquidos son más frecuentes, un piso de vinilo o baldosa de cerámica es más apropiado que instalar una costosa alfombra. En el área del comedor un piso elegante de parqué es mejor visto que uno de baldosa.

Las fotos a continuación resaltan una gran variedad de superficies de pisos y materiales en cada habitación de la vivienda. Con seguridad las páginas siguientes le darán nuevas ideas y formas creativas que se acomoden a sus necesidades personales.

**Los pisos de madera natural** crean un ambiente cálido y confortable. Desde los pisos hasta los marcos de las ventanas, puertas y chimenea, los materiales de madera combinan lo práctico con el lujo.

**El adorno del piso en el centro del vestíbulo** llamará la atención con seguridad de todos los que entren en la vivienda por su color y diseño. Incorporar este detalle con el mismo tono del material que lo rodea resalta su apariencia y da un toque sofisticado de distinción.

**El piso puede ser el elemento** líder en la decoración de un espacio. En esta habitación la baldosa de piedra en el piso es el punto central de atención. Las baldosas de tamaño pequeño instaladas alrededor de la chimenea se convierten en la continuación de la superficie del lugar.

**La intensidad y el color profundo del piso**, junto con sus vetas anchas, dan una apariencia de madera exótica a esta superficie. Este piso es en realidad linóleo, y es fabricado principalmente de aceite de linaza, resinas, caliza y pigmentos naturales.

**Algunas veces la belleza y simplicidad** ofrecen los mejores y satisfactorios resultados. Las baldosas que conforman el diseño de esta entrada durarán por muchos años, o quizás décadas. Gracias al color neutral y sutil estampado, se combinan con muchos otros estilos a medida que se cambian otros elementos a su alrededor.

**Los pisos de madera** en tiras o placas son los más comunes en el mercado. En esta imagen la madera del piso no compite con otros objetos de la decoración, pero a su vez tiene un buen resalte. Este piso utiliza dos clases de maderas para crear un ambiente acogedor alrededor del mueble en el centro de la cocina.

**Este piso elástico combina varios colores** sutiles para crear un acabado contemporáneo. Los tonos son un poco más oscuros que las paredes y muebles en la habitación, y el piso complementa todo el espacio convirtiéndose en el punto focal de atención.

**Las baldosas de cerámica** de tamaño cuadrado y rectangular se combinan en esta habitación dándole un diseño moderno y sofisticado. Su instalación en dirección diagonal da una apariencia más ancha a este largo y angosto espacio.

**Las paredes cubiertas** de alfombra por completo dan un toque versátil y fácilmente se adaptan con el resto de los elementos decorativos de la habitación. La alfombra en esta habitación es moderna y brinda una sensación de comodidad. El color un poco más claro que el de los muebles actúa como fondo neutral para los objetos decorativos sobre la pared. El tema monocromático existente resalta los espacios de lo que podría ser un área pequeña.

**Las variaciones sutiles de color** —como el de los productos de madera o los laminados con estampas del mismo material— suavizan el diseño del área y crean en general un tono cálido. Sin importar cómo lo llame (color claro, de miel, o natural) este piso merece una descripción: es hermoso.

**Los diferentes colores** separados por bordes negros crean un piso con aspecto fuerte y dramático en esta cocina. Las líneas divisorias no concuerdan con las transiciones normales del área y ayudan a unir todos los espacios. Tenga en cuenta los bordes externos de las habitaciones para crear otras oportunidades de diseño.

**Las baldosas de vidrio tornasoladas**, hechas de material reciclado, parecen tener a primera vista dos tonos de azul. Si lo observa en detalle, revela una gran variedad de tonos dependiendo de cómo es iluminado por la luz. Estos arreglos son ideales en sitios pequeños donde la escala de las piezas empata el tamaño del espacio.

**Al combinar más de dos colores** alternándolos en un despliegue irregular, ofrecen un ambiente casual a esta habitación. El diseño clásico en cuadros es creado para dar una sensación de espacio y luz al lugar. Este atractivo y simple aspecto puede ser hecho con materiales vendidos en forma cuadrada.

**Un solo color aplicado sobre las paredes,** lavamanos y piso crea un ambiente soberbio, suave y relajante. El azul marino instalado en este espacio evoca la calma y serenidad del agua. El tapete de color marrón da una apariencia de arena de playa para su vista y sus pies.

**La textura de los pisos de concreto** puede ser tanto durable como hermosa. Para crear una superficie con textura, puede usar formas de estampado mientras el concreto está mojado. Para adicionar color puede agregar pigmentos en polvo. Esto crea una apariencia de piedra, de cerámica, o aún de mármol. Todas estas adiciones utilizan un material básico para crear un terminado elegante.

**La alfombra o tapete sólo con un poco de detalle** llama la atención. Aún cuando la superficie es suave y relativamente lisa, la poca textura realza el interés visual del material. En esta habitación la alfombra también provee un elegante contraste a la textura y elegancia de los muebles y a las cortinas en las ventanas.

**La mezcla de materiales** puede tener un interesante efecto en el diseño, especialmente en áreas de transición como las escaleras del recibidor. El contraste entre los escalones de madera y el piso geométrico de la baldosa, tiene también un aspecto importante de seguridad. Esto ayuda a traer la atención a los escalones ya que de lo contrario casi que 'desaparecerían' si fueran cubiertos también con baldosa.

**Un piso liso de baldosa,** como el mostrado en esta foto, tiene variaciones de color y textura burda en sus bordes que dan carácter al material. El tono moteado y amarillento, así como el verdoso grisáceo, son un recordatorio de las antiguas esculturas de bronce. Las líneas cubiertas con masilla parecen trabajos de viejos albañiles. Este tipo de piso puede ser instalado fácilmente por usted hoy día.

**Los tableros cuadrados pequeños** al interior de los grandes crean un contraste de color, tamaño y forma. El efecto dirige la mirada a lo largo de la superficie y los tonos marrones proveen una transición fantástica hacia las paredes de color rojo intenso.

**Los pisos naturales de madera** pueden variar significativamente en color y textura de listón a listón. Aún cuando podría dedicar tiempo a separar el material para lograr una transición más balanceada, el contraste también hace ver el acabado interesante.

**Las placas de madera de parqué** pueden combinarse en diseños atractivos. Ponga atención a la dirección de la veta y al color en el momento de diseñar el despliegue de las piezas.

**Los pisos de material de bambú** tienen un gran impacto visual, y debido a que proviene de un recurso fácilmente reciclado, es considerado uno de los mejores productos beneficiosos para el medio ambiente. Su popularidad ha favorecido los precios para el consumidor en comparación con otros materiales para pisos.

**Los diseños acompasados y aleatorios** hacen que este piso combine piezas sólidas y veteadas al mismo tiempo. Cada hilera tiene el mismo ancho, pero las baldosas en cada una no presentan continuidad. El resultado es un diseño que sigue un ritmo y a su vez lo interrumpe.

**Un piso de color azulado** es quizás la superficie más sobria para una habitación. El contraste con el resto del espacio blanco hace que las piezas cuadradas del piso transmitan una sensación de calma y tranquilidad.

**Los tonos marrones neutrales** junto con los blancos puros de este baño crean una atmósfera de limpieza y comodidad. A pesar de utilizar sólo ángulos rectos en los elementos de decoración y en las paredes, los escasos objetos en la habitación mantienen elegancia y apariencia informal.

**La baldosa de caliza y vidrio** crean un ambiente calmado y a su vez elegante al interior de los baños. Las pequeñas variaciones en el color de la baldosa dan un aspecto visual interesante. El color de la masilla mantiene toda la estructura conectada y balanceada.

**La rica tintura aplicada** sobre este piso da al salón una superficie sólida que se combina en forma dramática con los colores otoñales de las paredes y techo. Las luces incandescentes agregan un toque cálido y elegante al lugar.

**Los materiales combinados** pueden ofrecer sus mejores cualidades al utilizarlos en armonía. En este ejemplo, la superficie brillante de la madera casi que desaparece al ser contrastada con la pequeña alfombra en el centro de la habitación. La belleza del estante de madera permanece visible, y el área del tapete complementa la decoración.

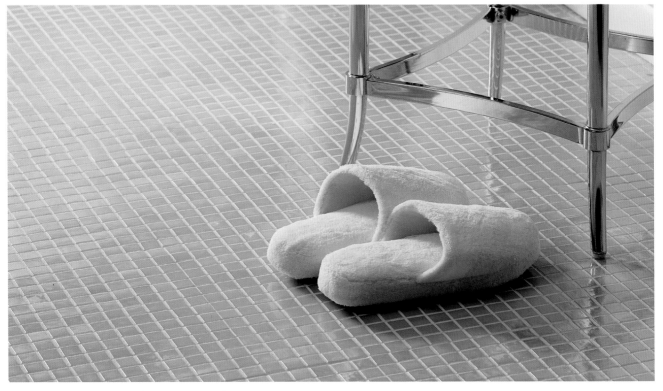

**La baldosa de vidrio en forma de mosaico** provee un aspecto brillante lleno de color y con plena luz que rebota por todo el espacio adyacente. Es muy popular al interior de los baños y es instalada por lo general sobre una base blanca usando cemento delgado y masilla blanca.

**La baldosa de mármol** se encuentra en la cima de la elegancia en los baños y recibidores cuando se prefiere instalar una superficie fácil de limpiar. Las piezas son instaladas mucho más unidas que las baldosas de cerámica para mantener la masilla escondida.

**Los pisos de concreto** son ahora aceptados al interior de las habitaciones y no sólo son usados en los sótanos y garajes de forma tradicional. Una variedad de superficies puede transformar este práctico material en un piso fascinante. Varias de las características del concreto permanecen constantes: la dura estructura y su capacidad de repercutir el sonido. Puede contrarrestar estos inconvenientes con muebles suaves y cortinas en las ventanas.

**Una alfombra lujosa** es prácticamente una satisfacción cuando los únicos zapatos al interior de la habitación son sus chanclas. También deseará que sea durable aún cuando la trata con cuidado. Las fibras de lana son las más durables en el mercado, y los bucles en bereber en el tejido son muy confortables para los pies descalzos.

**La baldosa de cerámica** es muy resistente al uso intensivo, pero puede cansar sus piernas si se para sobre ella por bastante tiempo. También puede sentirse fría al contacto con los pies. Nuevos productos que combinan la cerámica con materiales elásticos mantienen la apariencia de la cerámica, y además brinda la confortable y cálida sensación de los pisos de vinilo.

**La baldosa no vidriada** ha sido uno de los materiales favoritos en las cocinas por muchas décadas. Es muy resistente al uso constante y es fácil de mantener. Su apariencia cálida da a las cocinas un suave brillo. Los baños y los saunas son otros espacios populares para este tipo de cerámica.

**Combinar la baldosa en forma de mosaico** en diferentes colores y diseños produce acabados elegantes. Patrones intrincados pueden ser fáciles de crear con la baldosa montada sobre mallas de metal. Es posible conseguir bordes ya elaborados. Este material es muy resistente a las resbaladas por la cantidad de líneas de masilla que posee.

**Una placa ancha de bambú** para el piso tiene una apariencia suave y contemporánea que se combina muy bien con la madera de los muebles. Puede instalarse con pegamento sobre la base o clavada con puntillas o grapas.

**La baldosa de linóleo** de ensamble con ganchos tiene una superficie suave y agradable aún recién instalada. Es la perfecta solución cuando se trata de crear diseños interesantes y combinar colores. Este tipo de baldosa puede ser cuadrada o rectangular.

**El cuero puede ser el material** más frágil para los pisos. Es lujoso pero vulnerable a la abrasión, rasgones, cortaduras y daños causados por cualquier objeto agudo o cortante. La cerámica de la foto es una imitación del cuero pero mantiene la durabilidad de la cerámica.

**La cerámica instalada en los escalones** y pasos da a las escaleras una superficie atractiva. El borde de madera es más resistente y dispersa mejor el ruido producido al subir y bajar, además de crear un agradable contraste visual.

**Esta lujosa baldosa de vinilo** ofrece el acabado burdo de la piedra cortada pero con muy fácil mantenimiento. La sólida construcción del vinilo es más duradera que la baldosa y la superficie resiste el uso intenso y las manchas. Una gran ventaja sobre la piedra y la cerámica es que el vinilo no necesita masilla o cemento al instalarse.

**Los pisos de bambú** se han popularizado en los últimos años. Es una yerba (no madera) y por tal razón crece rápido y es más asequible que la madera. El proceso de convertir la yerba del bambú en madera para pisos es ecológicamente seguro. Más importante aún es que posee las mejores cualidades de la madera: durabilidad, valor y fácil de instalar.

**El piso de corcho** es lo suficientemente durable para usarse en lugares con bastante tráfico (como las cocinas). Su superficie algo blanda lo hace ideal para lugares donde tiene que estar parado por bastantes horas. Si deja caer un vaso sobre este piso, posiblemente el vaso y el piso sobrevivirán al impacto.

**La palma es otra planta** de rápido crecimiento. Así como el bambú, carece de la fortaleza para ser usada como un piso tradicional. Sin embargo, puede ser procesada de la misma forma que el bambú para producir pisos fuertes de igual calidad. Este material tiene el atractivo de la madera y además es renovable.

**Las tiras de baldosa en forma de mosaico** pueden fabricarse para satisfacer casi que cualquier diseño. En esta foto, las piezas de vidrio templado refleja la luz en colores interesantes similares a una perla, mientras que baldosas sólidas crean un color uniforme que dan balance al diseño.

# Preparación del proyecto

Antes de instalar el piso nuevo, es posible que el viejo tenga que ser removido, y el subsuelo a su vez tendrá que prepararse en forma adecuada. La preparación del proyecto es tan importante como la etapa de instalación y requiere de la misma atención en los detalles.

Quitar el piso viejo, instalar o reparar el subsuelo, o hacer los arreglos necesarios no es el mejor trabajo del mundo, pero es una inversión a largo plazo que le traerá muchos beneficios después de terminar el proyecto.

Si la instalación de nuevos pisos hace parte de un proyecto más grande de remodelación, quitar el piso viejo debe ser uno de los primeros pasos en todo el proceso, y la nueva instalación deberá ser uno de los últimos. Todo tipo de demolición y construcción deberá terminarse en el área de trabajo antes de instalar el piso nuevo para evitar estropear la superficie.

## En este capítulo:

- Herramientas
- Remover los pisos ya instalados
- Remover la base de los pisos
- Arreglo de la base de los pisos
- Reparar las vigas de soporte

# Herramientas

**Entre las herramientas para remover el piso se incluyen:** lijadora eléctrica (A), sierra para marcos (B), espátula (C), rodillo para pisos (D), sierra circular (E), martillo (F), maceta de mano (G), sierra recíproca (H), taladro con baterías (I), palustre de punta plana (J), palustre para muescas (K), grapadora (L), palanca de pata de cabra (M), palanca plana (N), pistola de calor (O), cincel para concreto (P), palanca (Q), pinzas (R), navaja para cortar paredes (S), cincel para madera (T), espátula de mango largo (U), destornillador Phillips (estrella) (V), destornillador plano (W), navaja (X), nivel largo (Y).

**Una sierra ingletadora compuesta** es ideal para realizar cortes de pisos precisos. Una sierra de 10" cortará pisos hasta 6" de ancho en una sola pasada. Para cortar tablones más anchos voltee la pieza de madera para terminar el corte o consiga una sierra mitra escuadradora.

**Herramientas utilizadas en la limpieza**
rutinaria de los pisos de cerámica, madera y
concreto (de izquierda a derecha): trapeador
seco y mojado, escoba, escobilla con recogedor
de polvo, cepillo de empuje con cerdas fuertes
y suaves. Use un trapeador seco para quitar
el polvo y partículas; puede ser usado a diario.
Para limpiar las uniones y las esquinas de las
habitaciones use una escoba de mango pequeño.
Para las superficies suaves use una escoba casera,
un cepillo de empuje con cerdas suaves, o una
aspiradora con equipo para trabajos sobre pisos
lisos. En las superficies rústicas (en espacios
abiertos o en garajes) use una escoba con cerdas
fuertes o una aspiradora industrial. Limpie los pisos
con un trapeador mojado más o menos cada mes.

# Como medir una habitación ▸

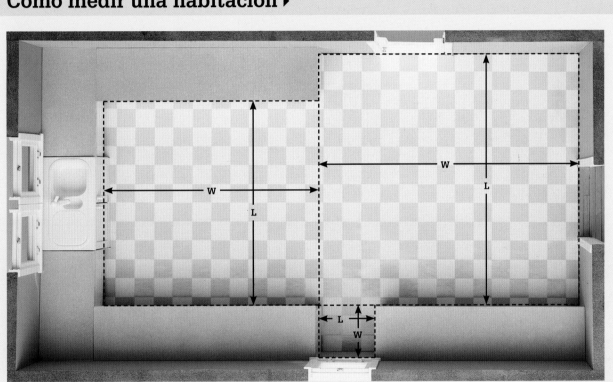

**Divida el área en rectángulos y cuadrados**. Incluya los closets y los espacios donde están instalados los electrodomésticos
movibles. Mida el largo y ancho de cada espacio en pulgadas y luego multiplique el uno por el otro (largo por ancho). Divida el resultado
por 144 para determinar los pies cuadrados.

Antes de comprar el piso a instalar determine el total de los
pies cuadrados de la habitación. Divida el área en una serie
de cuadrados o rectángulos para que pueda medirlos con
facilidad. Incluya todas las áreas que van a estar cubiertas,
como los closets y espacios por debajo de la nevera y otros
electrodomésticos movibles.

Mida el largo y ancho de cada espacio en pulgadas, y
luego multiplique el uno por el otro (largo por ancho). Divida el
resultado por 144 para determinar los pies cuadrados. Sume
todos los resultados para establecer los pies cuadrados para
toda la habitación. Reste las áreas que no van a ser cubiertas,
como los gabinetes y otros elementos permanentes.

Cuando compre el material del piso, asegúrese de
comprar de un 10 a 15% de sobra como desperdicio cuando
haga los cortes. En el caso de pisos con vetas definidas,
podría necesitar un 20% de material extra.

# Remover los pisos ya instalados

Cuando sea necesario remover la cubierta del piso viejo, como es el caso en muchos proyectos de remodelación, debe planear cuidadosamente el trabajo para garantizar la calidad en la instalación del nuevo material del piso.

La dificultad en el trabajo de remover el piso depende de qué material se trata y de cuál método fue utilizado cuando se instaló. La alfombra o tapete y el vinilo son por lo general muy fáciles de quitar, así como las baldosas de vinilo. Quitar un piso cubierto con vinilo en una sola pieza puede ser más trabajoso, sin embargo remover la cerámica es un poco más complicado.

En estos tipos de trabajos se recomienda mantener las cuchillas y herramientas similares bien afiladas y también tener cuidado de no averiar el subsuelo si está planeando utilizarlo una vez más. Si va a reemplazar la base, puede ser más fácil remover todo el subsuelo junto con el piso que lo cubre.

Utilice una espátula para raspar el piso para remover materiales elásticos y para quitar los residuos de pegamento o base. El mango largo de la espátula le permite aplicar presión sobre el piso y es más fácil de utilizar en posición parada. La espátula removerá la mayoría de los residuos del piso pero podría necesitar otras herramientas para finalizar el trabajo.

## Herramientas y materiales ▶

| | |
|---|---|
| Espátula para pisos | Grapadora |
| Navaja | Tijeras |
| Atomizador | Protección para ojos y oídos |
| Navaja para cortar pared | Pinzas para cortar |
| Aspiradora en seco y de agua | Detergente líquido para platos |
| Pistola de calor | Lijadora de banda (opcional) |
| Mazo manual | Tira plástica |
| Cincel para concreto | Cinta para enmascarar |
| Barra plana | Plataforma en ruedas para remover aparatos grandes |
| Raspador de madera | Destornillador |
| Cinta métrica | Llave inglesa |
| | Ventilador de caja |

## Opciones para remover pisos viejos

**Remover sólo la cubierta del piso.** Si la base o subsuelo está sólida y en buena condición, puede simplemente rasparla, limpiarla y utilizarla de nuevo.

**Remover la superficie del piso y la base.** Si la condición de la base es dudosa o en condiciones regulares, o si la superficie del piso está pegada a la base, quite el piso y la base al mismo tiempo. Quitar ambas capas a la vez ahorra tiempo.

# Preparar el sitio de instalación

**Desconectar y quitar los electrodomésticos.** Seleccione un espacio para guardar los electrodomésticos mientras completa el trabajo. Colóquelos en un lugar accesible en caso que necesite utilizarlos durante el proyecto.

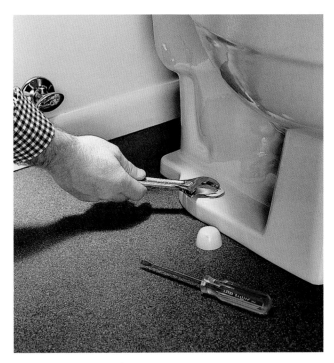

**Remueva el sanitario** y otros artefactos montados sobre el piso antes de iniciar la instalación de los pisos del baño. Cierre y desconecte el suministro de agua, luego quite las tuercas y tornillos que sujetan la taza contra el piso.

**Mantenga ventilado el sitio** de trabajo en especial cuando vaya a aplicar adhesivos o remover el piso viejo. Coloque un ventilador de caja en una ventana abierta para extraer los olores y el polvo del área de trabajo.

**Cubra las entradas con tiras** de plástico para mantener el polvo y la mugre al interior del área de trabajo mientras remueve el piso viejo.

(continúa)

**Cubra las salidas de aire acondicionado** y calefacción con tiras de plástico y cinta para enmascarar para evitar que los despojos penetren al interior de los conductos.

**Corte el borde de la pintura** de la base del piso utilizando una navaja con filo.

**Retire la base del piso** con una barra de palanca recostada contra un trozo de madera. Saque todas las puntillas clavadas contra la pared. Marque cada pieza de la base a medida que las remueve.

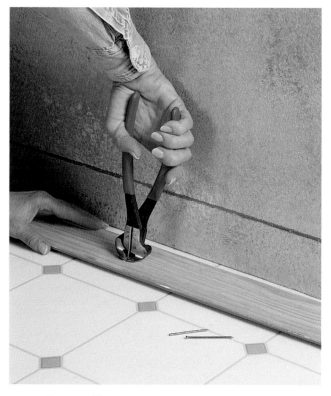

**Saque las puntillas** de la parte de atrás de la base utilizando unas pinzas o tenazas.

# Cómo remover un piso en rollo

**Utilice una navaja para cortar** el material en tiras de más o menos un pie de anchas para facilitar la quitada.

**Quite con la mano lo más que pueda.** Sostenga las tiras cerca del piso para minimizar el rasgado.

**Corte el vinilo más difícil de quitar** en tiras de unas 6" de ancho. Quite lo más posible a partir de la pared. Si el material de la base queda pegado, rocíe con un atomizador un poco de agua con detergente debajo de la superficie para ayudar a separar la capa. Use una navaja para cortar paredes para raspar los pedazos más difíciles de quitar.

**Quite los restantes del vinilo** y base con una espátula para el piso. Si·es necesario rocíe la base con agua y detergente para suavizar el material. Barra y retire los escombros y finalice la limpieza con una aspiradora para usar en seco y mojado. *Consejo: Agregue como una pulgada de agua al recipiente de la aspiradora para controlar el polvo.*

# Cómo remover pisos de baldosa elástica

**Comenzando con la unión suelta,** utilice una espátula de mango largo para remover las piezas. Para quitar las que estén más pegadas use una pistola de calor para ablandar el pegamento, luego una navaja para paredes para levantar las piezas y quitar el resto del adhesivo.

**Quite el adhesivo o base** más fuerte mojando el piso con una mezcla de agua y detergente para platos, luego raspe el piso con una espátula o raspador.

# Cómo remover pisos de baldosa de cerámica

**Quite la baldosa con un mazo** y un cincel para concreto. Si es posible comience en el espacio entre baldosas donde la masilla se haya soltado. Tenga cuidado al trabajar alrededor de elementos frágiles y delicados (como sitios de desagüe) para evitar dañarlos.

**Si planea utilizar de nuevo la base,** utilice un raspador para pisos de mango largo para quitar el adhesivo restante. Quizás tenga que lijar la superficie con una lija fuerte para quitar el pegamento que está más adherido.

# Cómo remover alfombras

**Utilice una navaja para cortar** las tiras de metal alrededor de los umbrales y de esa forma soltar la alfombra. Luego remueva las tiras con una barra plana.

**Corte la alfombra en piezas** pequeñas para que pueda maniobrarlas mejor. Enrolle la alfombra y sáquela de la habitación. *Nota: El material de base acolchonado por lo general está clavado al piso con grapas y puede sacarse en rollos.*

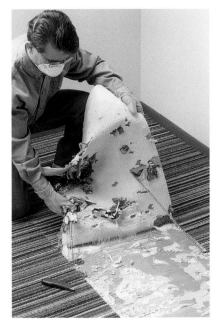

**Utilice tenazas o pinzas** para quitar todos los ganchos de la grapadora clavados al piso. Si va a instalar alfombra de nuevo, deje las tiras de clavado en su lugar al menos que estén averiadas.

**Quite las tiras de clavado** de inmediato del perímetro de la habitación. Utilice una barra plana para sacarlos. Siempre use guantes protectores al hacerlo.

**Variación:** Para remover el pegamento debajo de la alfombra, córtelo en tiras con una navaja y luego hale el material lo más que pueda. Raspe y quite el resto del adhesivo con un raspador para pisos.

# Remover la base de los pisos

Los instaladores profesionales de pisos por lo general remueven la base junto con el piso antes de instalar el nuevo material. Esta acción les ahorra tiempo y les permite instalar una nueva base apropiada para el nuevo piso. Si va a aplicar esta técnica, asegúrese de cortar el piso en piezas pequeñas que sean fáciles de maniobrar.

## Consejo para el removido ▸

**Revise los conectores** para determinar cómo fue instalada la base. Use un destornillador para sacar a la vista la cabeza de los conectores. Si la base fue atornillada, debe quitar la superficie del piso y luego desatornillar la base. Si fue clavada, puede quitarla con una barra sin separar la cubierta del piso.

## Advertencia ▸

Este método para remover el piso suelta partículas del piso en el aire. Compruebe que el piso que está quitando no contenga asbestos. Vea la sección de "El asbesto y los pisos" en la página 11.

## Herramientas y materiales ▸

Guantes
Sierra circular con
    disco tipo carburo
Barra plana
Maceta
Sierra recíproca

Cincel para madera
Martillo
Máscara para polvo
Protección para los
    ojos y oídos

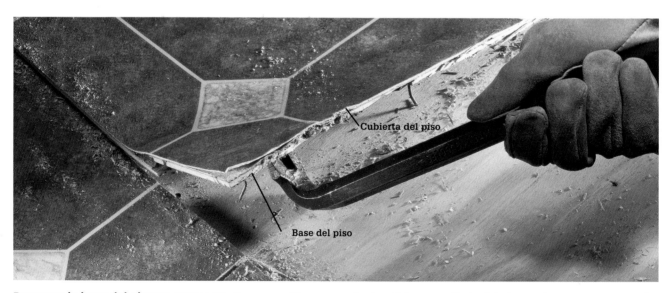

Cubierta del piso

Base del piso

**Remueva la base del piso** y la cubierta del mismo como si fueran una sola pieza. Este es un método eficiente cuando vaya a remover un piso que esté pegado a la base.

# Cómo remover bases

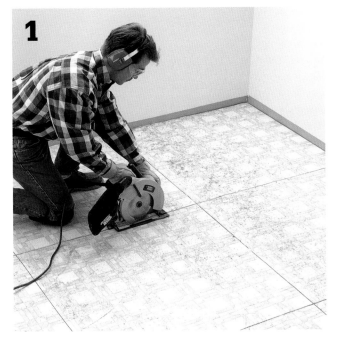

**Ajuste el corte del disco** de la sierra circular a la misma profundidad del espesor del piso y la base. Use un disco de tipo carburo para cortar el piso y la base en piezas cuadradas de unos 3 pies de tamaño. Siempre use gafas y guantes protectores.

**Utilice una sierra recíproca** para extender los cortes hasta los bordes de las paredes. Sostenga la cuchilla contra el piso en forma de ángulo y evite averiar las paredes o gabinetes. No corte más allá de la base. Use un cincel para terminar los cortes cerca de los gabinetes.

**Separe la base del subsuelo** con una barra plana y un martillo. Quite y descarte las piezas de inmediato. Tenga cuidado con las puntillas expuestas. Si la base está clavada al subsuelo con tornillos, vea el *Consejo* en la página anterior.

**Variación:** Si el piso existente es de cerámica instalado sobre una base de contrachapado, utilice un mazo manual y un cincel para concreto para cortar las líneas de unión antes de cortar las piezas.

# Arreglo de la base de los pisos

Un subsuelo sólido y bien clavado minimiza los movimientos y crujidos del piso así como la desviación que puede causar quebraduras en las uniones de las baldosas.

Después de remover la base antigua inspeccione el subsuelo en busca de puntillas o tornillos sueltos, daños causados por la humedad u otro tipo de falla. Si el subsuelo está construido en tiras de maderas en lugar de contrachapado, puede usar el contrachapado para reparar las secciones averiadas. Si el espesor del contrachapado no empata con la altura del subsuelo, adicione capas de material más delgado o use nivelador para piso para levantar la superficie hasta igualarla con el resto del piso.

## Herramientas y materiales ▸

Palustre de borde plano
Regla larga
Escuadra / Taladro
Sierra circular
Palanca para sacar
  puntillas
Cincel para madera
Martillo / Nivel
Nivelador para piso

Cinta métrica
Tornillos para terraza
  de 2"
Contrachapado
Maderos de 2 × 4
Puntillas 10d
Guantes protectores
Protección para ojos
  y oídos

**Un subsuelo con estructura lisa,** nivelada y sólida es esencial para la instalación de cualquier cubierta de piso. Repare las áreas averiadas utilizando paneles de contrachapado del mismo espesor del subsuelo.

# Cómo aplicar nivelador de pisos

El nivelador de pisos es utilizado para llenar los vacíos y remiendos sobre el contrachapado del subsuelo. Mezcle el nivelador siguiendo las instrucciones del fabricante. Si se especifica, puede adicionar látex o adhesivo acrílico para lograr más flexibilidad.

**Mezcle el nivelador** siguiendo las instrucciones del fabricante, luego espárzalo sobre el subsuelo con un palustre. Aplíquelo en capas delgadas para evitar sobrecargar el área. Deje secar cada capa antes de aplicar la siguiente.

**Utilice una regla** larga y derecha para dejar todo el remiendo a nivel con el área adyacente. Aplique más nivelador si es necesario. Deje secar el material y luego empareje todos los imperfectos con el borde del palustre o líjelos hasta dejarlos suaves.

# Cómo reemplazar una sección del subsuelo

**Utilice una escuadra** para trazar un rectángulo alrededor del área averiada. Dos lados del rectángulo deben estar centrados entre las vigas del piso. Saque las puntillas con una palanca. Haga los cortes con una sierra circular ajustando el disco al espesor del subsuelo. Use una sierra de vaivén o un formón para completar los cortes.

**Quite la sección averiada,** luego clave dos bloques de 2 × 4 entre las vigas centrados entre los bordes cortados para agregar más soporte. Si puede clave los bloques desde abajo. De lo contrario, clávelos en ángulo desde arriba usando puntillas 10d.

**Mida la sección cortada,** luego corte la pieza de remiendo a esa medida. Utilice un material del mismo espesor que el subsuelo original. Clave la pieza de remiendo a las vigas y bloques con tornillos para terraza de 2" separados cada 5" de distancia.

# Reparar las vigas de soporte

Una viga de piso muy arqueada, rajada, protuberante o comba, posiblemente empeorará su condición con el paso del tiempo, y al final deformará el piso que sostiene. Este tipo de problema es fácil de corregir y los resultados benefician de manera significativa los pisos terminados. Es recomendable identificar esta clase de problema y corregirlo antes de instalar el subsuelo y el piso nuevo.

Una forma de solucionar la situación es instalar unas cuantas vigas nuevas en forma paralela junto a las averiadas. Al instalarlas, es posible que tenga que cortar muescas en los bordes inferiores para que puedan encajar sobre las vigas de la estructura del piso. Si este es el caso, corte las muescas en las puntas a no más de un octavo de pulgada de la profundidad de la viga.

## Herramientas y materiales ▶

| | | | |
|---|---|---|---|
| Nivel de 4 pies | Sierra circular | Madera de enmarcado | Estacas de madera |
| Sierra recíproca | Cinta métrica | Tornillos y tuercas de 3" | Cubiertas de metal |
| Martillo | Llave inglesa | Puntillas comunes 16d | para postes |

## Cómo reparar una viga en comba

**Encuentre el punto** más elevado de la comba sobre el piso usando un nivel. Marque la altura del punto y mida la distancia hasta un punto de referencia que se extienda a lo largo del piso (como hacia una pared exterior o hacia un conducto de calefacción).

**Use esa medida** y el punto de referencia para marcar el punto más alto sobre la viga. Haga un corte derecho al interior de la viga por debajo del punto marcado. Use una sierra recíproca para el corte. Haga el corte a ¾ de pulgada de profundidad de la viga. Deje pasar varias semanas hasta que el peso del piso haga que la viga se enderece.

**Una vez la viga se ha sentado,** refuércela centrando un madero del mismo ancho junto a la viga. Clave el madero a la viga con puntillas comunes 12d y adhesivo para paneles. También clave puntillas o tornillos desde el interior de la viga hasta la pieza de reparación.

# Cómo reparar una viga agrietada o arqueada

**1**

**Identifique la viga agrietada** o arqueada antes de que cause otros problemas. Quite cualquier pieza o bloque por encima del alféizar o viga. Allí es donde se colocará la viga paralela.

**2**

**Coloque un nivel sobre el borde** inferior de la viga para determinar qué tan arqueada se encuentra. Corte una viga paralela de la misma longitud de la viga averiada. Colóquela al lado de la viga con la cresta hacia arriba. Si es necesario abra una muesca en el borde de abajo de la viga paralela para que encaje sobre la base de la viga original.

**3**

**Inserte los maderos en forma** de cuña al final de la viga paralela donde se sienta sobre el alféizar o viga. Clávelos en su lugar con un martillo hasta que la viga quede presionada firmemente contra el subsuelo superior.

**4**

**Perfore un par de agujeros guía** en la viga paralela cada 12", luego clave tornillos de 3" de largo con arandelas en cada agujero. Corte los bloques o conectores a la medida e instálelos entre las vigas en la posición original.

# Preparación de la base

Los buenos o malos resultados en la construcción de un piso casi que depende totalmente en la forma como ha sido construido el subsuelo. Una base con estructura firme y nivelada y sin imperfecciones contribuirá a que los listones y contrachapados no se comben o separen, que la alfombra no se arrugue, o las baldosas no se suelten.

Construir un buen subsuelo para el piso requiere de la instalación de la base apropiada. Cada clase de piso demanda sus propias necesidades y debe tener en cuenta que cumplirá con las normas del piso que va a escoger. Estos requisitos tendrán que ser balanceados con la superficie del subsuelo. Si es una superficie difícil de trabajar, como la de un sótano por debajo del nivel del piso, tendrá que considerar otros aspectos para garantizar la instalación y por último los buenos resultados del piso. Muchos pisos en el sótano requerirán de la construcción de una barrera de vapor entre el concreto y el subsuelo.

En algunos casos como en áticos quizás tenga que reforzar o reconstruir la estructura del subsuelo. El esfuerzo traerá beneficios en cuanto a mayor comodidad y seguridad del piso. Es posible que estos ajustes sean siempre requeridos y es recomendable consultar los códigos de su localidad cuando el cambio de pisos haga parte de un proyecto más grande de remodelación, en este caso convertir un ático en un espacio útil.

### En este capítulo:

- Material de la base
- Piso del sótano
- Piso del ático
- Sistema de calefacción para la base del piso

# Material de la base

La base es una capa delgada de material de revestimiento atornillada o clavada al subsuelo para una superficie suave y estable para la instalación del piso. El tipo de material de base a escoger depende de la clase de piso que va a instalar. Los pisos de cerámica y piedra natural por lo general requieren de una base que controle la humedad (como placas de cemento combinado con fibra de vidrio). Para los pisos de vinilo, use un contrachapado de buena calidad. Muchas de las garantías son rechazadas si el piso se instala sobre una base de mala calidad. Si desea utilizar el piso viejo como base, aplique nivelador en relieve para prepararlo para la nueva instalación. La mayoría de los pisos de madera y alfombra no requieren de base y son colocados directamente sobre un subsuelo de contrachapado sólo con una base acolchonada o papel de construcción como barrera protectora.

Cuando instale una nueva base, debe conectarla con seguridad a todas las áreas del subsuelo, incluyendo debajo de los electrodomésticos movibles (nevera, lavaplatos). Abra muescas donde sea necesario para ajustar la base a todas las esquinas. Inserte la base debajo de los marcos de las puertas y molduras de madera en las paredes. Después de instalar la base, utilice un componente de látex para remendar todos los huecos, espacios y vacíos. También es usado para cubrir la cabeza de tornillos y puntillas, y las uniones de las piezas de la base. Algunos componentes incluyen ingredientes secos y mojados que necesitan mezclarse, mientras que otros vienen listos para usar. Aplique el componente con un palustre o una espátula para paredes.

Contrachapado-AC de ¼"

Placa de cemento de fibra de vidrio

Placa de cemento

Paneles para base de conexión en entrelace de 24 × 24"

## Herramientas y materiales ▸

Taladro / Navaja
Sierra circular
Navaja para pared en seco
Lijadora eléctrica
Palustre con muesca de ¼"
Regla derecha
Sierra de vaivén con cuchilla de carburo
Rodillo para pisos
Base / Nivel

Tornillos para terraza de 1"
Componente para reparar pisos
Aditivo de látex
Cemento delgado
Cinta para malla de fibra
Cinta métrica / Mazo
Protección para ojos y oídos
Tornillos para placa de cemento
Máscara para el polvo

# Cómo instalar contrachapado sobre la base

El contrachapado es el material más usado para la base de pisos elásticos y de vinilo. Utilice un contrachapado de ¼" para exteriores grado AC. Esta clase tiene un lado suave y lijado para crear una superficie de buena calidad. Las cubiertas de pisos de madera, como los de parqué, pueden instalarse sobre superficies de contrachapado de menor calidad. Al instalar contrachapado, deje un espacio de ¼" de espacio para la expansión alrededor de las paredes y entre las placas del material. Compruebe que todas las uniones de la base queden en diferente posición que las del subsuelo.

**Instale una pieza** de contrachapado a lo largo de la pared más larga sin dejar las uniones de las placas alineadas con las del subsuelo. Clave las placas al subsuelo con tornillos para terraza de 1" cada 6" a lo largo de los bordes, y a 8" de intervalo al interior de cada placa.

**Siga instalando el** contrachapado al subsuelo introduciendo los tornillos un poco al interior de la superficie. Deje ¼" de distancia para la expansión en las paredes y entre las placas de contrachapado. Intercale las uniones en cada fila.

**Utilice una sierra circular** o una de vaivén para crear las muescas necesarias para empatar el contrachapado contra las puertas y piso existente. Clave las muescas contra el subsuelo.

**Mezcle el componente para remendar** el piso con el látex siguiendo las direcciones del fabricante. Espárzalo sobre las uniones y cabezas de los tornillos usando una espátula para pared.

**Deje secar el componente,** luego lije las áreas remendadas con una lijadora eléctrica.

# Instalación de una placa de cemento

Los pisos de cerámica o piedra natural por lo general requieren de una base que controle la humedad. La placa de cemento provee esa función. La placa de cemento de fibra de vidrio es delgada y de alta densidad. Se instala debajo de la cerámica o pisos de vinilo en situaciones donde hay que tener en cuenta la altura del piso. La placa de cemento se usa sólo en las instalaciones de cerámica o piedra. El material permanece estable aún cuando se humedezca, y es la mejor alternativa en lugares que posiblemente se mojarán (baños). Las placas de cemento son más costosas que el contrachapado, pero son una buena inversión en proyectos grandes.

## Herramientas y materiales ▸

| | |
|---|---|
| Placa de cemento | Palustre con muesca |
| Cemento delgado | Broca / Taladro |
| Cinta de fibra de vidrio para pared seca | Navaja para pared |
| | Cinta métrica |
| Tornillos para placa de cemento de 1¼" | Protección para ojos |
| | Guantes protectores |
| Navaja | Regla derecha |

**Entre las bases comunes** para la cerámica se encuentran: placa de cemento, placa de cemento de fibra de vidrio y el tablero de protección. La placa de cemento es hecha de cemento Portland y arena, reforzada con una malla exterior de fibra de vidrio. Las placas de cemento son similares pero con el refuerzo de fibra integrado en el panel. El tablero de protección es una placa de yeso con una cara de acrílico a prueba de agua.

Labels in image: Placa de cemento; Placa de cemento de fibra de vidrio; Tablero de protección

# Cómo instalar una placa de cemento

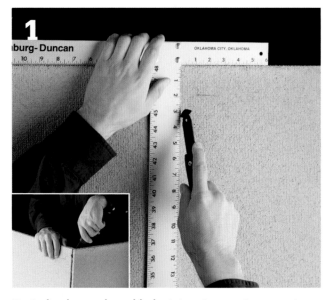

**Corte la placa sobre el lado** de la malla pasando una navaja o una cuchilla de carburo apenas por debajo de la superficie (ver anexo). *Nota: Cuando vaya a instalar cerámica, la cara burda de la placa debe colocarse en el frente.*

**Mezcle el cemento delgado** siguiendo las indicaciones del fabricante. Comience a aplicar la mezcla en el subsuelo sobre la pared más larga. Haga movimientos en forma de "ocho" usando un palustre con muescas de ¼". Aplique cemento suficiente sólo para una placa a la vez. Coloque la placa sobre el cemento con la cara burda hacia arriba y dejando las uniones intercaladas con las del subsuelo.

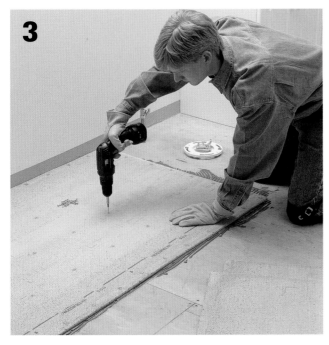

**Clave la placa contra el subsuelo** con tornillos de 1¼"
clavados cada 6" a lo largo de los bordes y a 8" al interior de la
placa. Deje la cabeza de los tornillos a ras con la superficie. Continúe
instalando el resto de las placas a lo largo de la pared. *Opción: Si va
a instalar placa de cemento de fibra de vidrio, use un palustre de
muesca de ³⁄₁₆" para esparcir la mezcla de cemento y abra huecos guía
para los tornillos.*

**Corte piezas de placa de cemento** si es necesario, dejando
un espacio de ⅛" entre las uniones y ¼" de distancia a lo largo del
perímetro del área de trabajo.

**Para cortar huecos,** muescas, o formas irregulares, use una sierra
de vaivén con una cuchilla de carburo. Siga instalando la placa de
cemento hasta cubrir todo el piso.

**Coloque cinta para la placa** de fibra sobre todas las uniones.
Use una navaja para pared para esparcir una capa delgada de cemento
sobre las uniones para llenar los espacios entre las placas y sobre la
cinta que cubre las uniones. Deje secar la mezcla por dos días antes
de iniciar la instalación.

# Cómo instalar corcho a prueba de ruido en el subsuelo

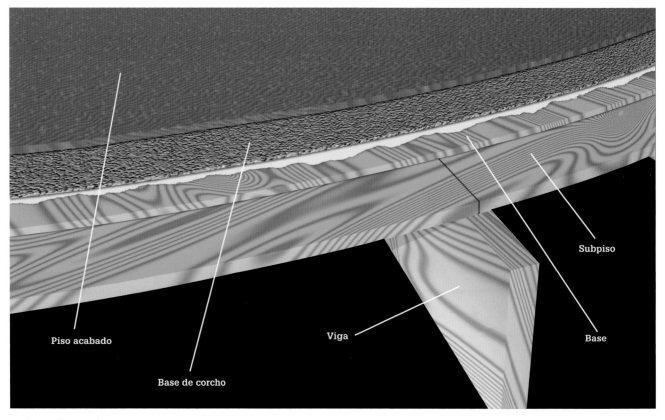

Piso acabado

Base de corcho

Viga

Subpiso

Base

**La base de corcho** contra el ruido se instala entre la base del piso y la superficie del piso terminado. Quite la cubierta del piso, si es necesario (vea los pasos para realizar esta acción a partir de la página 50).

**1**

**Cubra todos los huecos**, rajaduras y uniones en la base de contrachapado con un componente para remiendo a base de cemento y con una navaja para pared. Deje secar los remiendos y limpie todo el subsuelo antes de continuar con la instalación.

**2**

**Corte el corcho en tiras** de 2" con una regla derecha y una navaja. Use un adhesivo de látex o de base de uretano para instalar las tiras de corcho a la base de las paredes para que el borde inferior se pose sobre el piso. Presiónelo con firmeza para eliminar las burbujas.

**3**

**Desenrolle el rollo de corcho** al largo de la habitación. Deje el lado curvo mirando hacia abajo. Colóquelo junto a las tiras de 2". Evite arrugar el material (es flexible pero no lo doble).

**4**

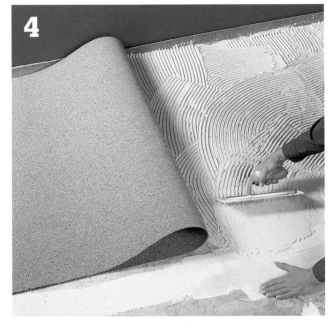

**Levante por lo menos medio rollo.** Aplique adhesivo a la base de contrachapado y espárzalo en forma pareja con un palustre con muescas. Coloque de nuevo el corcho sobre el pegamento.

**5**

**Presione el corcho con un rodillo** de atrás hacia adelante y de lado a lado. Repita los mismos pasos para adherir la otra mitad del corcho a la base del contrachapado. Cubra el resto del piso de la misma forma. Junte bien las uniones pero no las traslape.

## Instalación de paneles en la base

Al instalar un nuevo piso sobre una base de concreto, los paneles de la base que descansan sobre el concreto pueden ofrecer una muy buena superficie para los nuevos materiales del piso. Los paneles machihembrados de contrachapado tienen hoyuelos de plástico en la parte inferior. Esto permite la circulación del aire por debajo y de esa forma mantiene el concreto seco. El piso colocado encima también permanecerá aislado. Los panales ensamblados pueden soportar pisos laminados, elásticos o baldosa. Es una fácil instalación que demorará un fin de semana.

## Cómo instalar paneles en la base

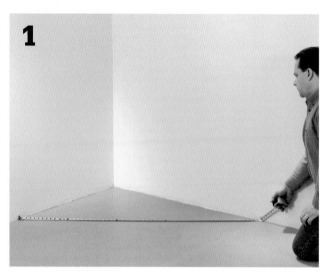

**Comience en una esquina** y mida el ancho y largo de la habitación a partir del punto de comienzo. Calcule la cantidad de paneles necesitados para cubrir el espacio en ambas direcciones. Si la esquina inicial no está cuadrada, empareje la primera hilera para crear una línea recta.

**Deje un espacio de expansión** alrededor de los bordes. Coloque un separador de ¼" al lado de las paredes, puertas y otros obstáculos grandes. Si desea fabricar sus propios separadores, corte tiras de contrachapado de ¼" del espesor de los paneles y colóquelos en el lugar correcto sosteniéndolos temporalmente con cinta adhesiva.

**Coloque una hilera de paneles** a lo largo de la habitación. Si la última hilera va a quedar de menos de 6" de ancho, compense el tamaño cortando un poco la primera hilera, si es necesario, para dejar más ancha las piezas de la última hilera.

**Comenzando en una esquina,** instale el primer panel con la ranura de ensamble al lado de los separadores de ¼". Coloque el segundo panel en posición presionando entre sí con firmeza las ranuras de ensamble. Revise los bordes contra la pared.

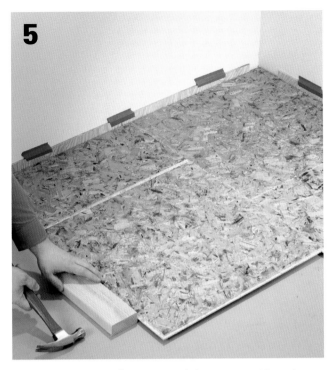

**5**

**Repita estos pasos hasta completar** la primera hilera. Si es necesario, acomode los paneles en su lugar golpeándolos con un trozo de madera y un mazo de caucho o martillo. Tenga cuidado en no averiar el ensamble machihembra. Al comenzar la segunda hilera, intercale los bordes para que los paneles también queden entrelazados.

**6**

**Corte el último panel a la medida** para que quepa en forma ajustada entre el penúltimo panel y el separador de ¼" de la pared extrema. Instale el último panel en ángulo y golpéelo para acomodarlo. Siga trabajando desde el punto inicial y revise cada hilera para comprobar que las piezas están cuadradas y a nivel.

**7**

**Cuando llegue a la última hilera** y al último panel de la instalación, quizás tenga que cortar la pieza para que quepa. Tome la medida y deje ¼" de espacio para la expansión desde la pared. Corte el panel y acomódelo en su lugar.

**8**

**Después que todos los paneles** están en su lugar, quite los separadores alrededor de la pared. *Nota: Dependiendo del tipo de material de la superficie, puede esperar hasta que todo el proyecto haya terminado para retirar los separadores.*

# Piso del sótano

La forma de preparar el piso de concreto del sótano depende de la condición del mismo, el tipo de piso que va a utilizar y cómo desea que se sienta al caminar.

Para instalar el piso final directamente sobre el concreto, prepare la superficie hasta dejarla suave y plana. Llene todas las grietas, huecos y uniones de expansión usando un componente a base de vinilo o cemento para hacer remiendos. Si el concreto está muy burdo o desnivelado, aplique una capa de cemento auto-nivelador en forma de líquido para llenar todos esos espacios. El componente se secará dejando una superficie dura y pareja.

Para instalar un piso más elástico y confortable en el sótano, construya un subsuelo de madera como superficie de clavado para ciertas clases de pisos. El subsuelo va a cortar el espacio vertical y se recomienda usar durmientes de 1 × 4 en lugar de 2 × 4. Tenga en cuenta cómo el piso adicionado va a influir en la transición del escalón inferior y las escaleras del sótano.

Siempre escoja primero la cubierta del piso a instalar antes de preparar el concreto, resuelva los problemas de humedad antes de instalar la nueva superficie, y siga las instrucciones de los fabricantes para trabajar sobre el concreto. Tanto los buenos resultados como la garantía pueden depender de lo anterior.

## Herramientas y materiales ▶

| | |
|---|---|
| Aspiradora | Pistola de puntillas a |
| Cincel para concreto | alta presión |
| Martillo / Palustre | Componente de vinilo |
| Raspador para el piso | para reparar pisos |
| Rodillo de | Nivelador para piso |
| espuma larga | Madera tratada de 2 × 4 |
| Carretilla / Taladro | Plástico de 6-mil |
| Navaja / Mazo | Estacas de cedro |
| Cepillo con punta | Adhesivo de construcción |
| de rastrillo | Ajustes para concreto |
| Nivel de 4 pies | Contrachapado |
| Sierra circular | machihembrado de ¾" |
| Pistola para silicona | Tornillos para pared de 2" |
| Cuerda de tiza | Cinta métrica |
| Cinta para empacar | Protección para ojos |
| Concreto de base | y oídos |

## Consejo contra la humedad ▶

**Para hacer una prueba de humedad** en el piso pegue un trozo de plástico cuadrado de 2 × 2 pies sobre el concreto. Quítelo en 24 horas. Si hay humedad en el plástico, tiene este tipo de problema. No instale ningún piso hasta solucionar la situación.

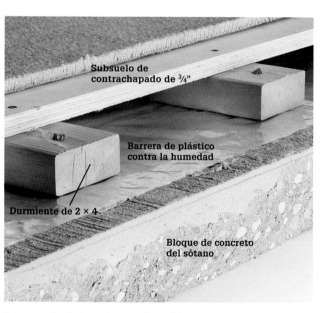

**La mayoría de los pisos en los sótanos** necesitan preparación antes de instalar una superficie sobre ellos. El componente para reparos o un nivelador puede suavizar la superficie burda. Un subsuelo de madera crea una nueva superficie que se siente como madera lamina al caminar.

# Cómo remendar pisos de concreto

**Remueva el concreto suelto o separado** con un cincel para concreto y un martillo y luego aspire el piso. Mezcle una tanda de componente para remendar pisos según las instrucciones del fabricante. Aplique el componente con un palustre liso llenando las cavidades poco a poco. Empareje el remiendo hasta dejarlo a ras con la superficie a su alrededor.

**Después que el componente** se haya secado,use un raspador para el piso para raspar un poco las áreas remendadas.

# Cómo aplicar nivelador sobre pisos de concreto

**Remueva el material suelto** y limpie el concreto completamente hasta quitar todo el polvo, mugre, aceite o pintura. Aplique una capa de base para concreto sobre toda la superficie con un rodillo largo. Deje secar la base por completo antes de continuar.

**Siguiendo las indicaciones** del fabricante, mezcle el nivelador de piso con agua. Prepare la cantidad suficiente para cubrir toda el área al espesor deseado (hasta 1"). Aplique el nivelador sobre el piso.

**Aplique el nivelador** en forma pareja con un cepillo con punta de rastrillo. Trabaje con rapidez porque el nivelador comienza a endurecer en 15 minutos. Use el palustre para emparejar los bordes y crear transiciones suaves en áreas descubiertas. Deje secar el nivelador por 24 horas.

# Cómo construir un subsuelo en el sótano

**1**

**Quite el concreto suelto o saliente** con un martillo y cincel, luego aspire el piso. Desenrolle el plástico de 6-mil extendiéndolo 31" hacia cada pared. Traslape las tiras 6", luego selle las uniones con cinta para empacar. Pegue los bordes contra las paredes temporalmente. Tenga cuidado en no averiar el plástico.

**2**

**Instale los maderos presurizados de 2 × 4** a lo largo del perímetro de la habitación (anexo). *Nota: Antes de instalar los durmientes, determine dónde van a ir las paredes. Si una pared va a quedar entre durmientes paralelos, adicione uno para ayudar a soportar la pared.*

**3**

**Corte los durmientes** con una sierra circular para colocarlos dentro del perímetro dejando ¼" de espacio en cada lado. Coloque el primer durmiente a 16" desde el centro del madero del borde saliente. Instale el resto de los durmientes a 16" de distancia de cada centro.

**4**

**Cuando sea necesario,** utilice las estacas de cedro para compensar los desniveles del piso. Coloque un nivel de 4 pies de largo sobre los durmientes contiguos. Aplique adhesivo para construcción a dos estacas. Colóquelas debajo de los maderos en lados opuestos hasta dejarlo nivelado con los durmientes adyacentes.

**Clave los maderos del perímetro** y los durmientes al piso con una pistola para clavar puntillas de alto poder o con tornillos para concreto. Clave los maderos en el centro a 16" de intervalo. Las cabezas de las puntillas o tornillos no deben salir por encima de la superficie del madero. Clave cada durmiente asegurándose que la puntilla o tornillo penetra por completo ambos durmientes.

**Establezca una línea de control** para la primera hilera de placas de contrachapado midiendo 49" desde la pared y marcando el durmiente exterior en cada lado de la habitación. Trace una línea con la cuerda de tiza sobre las marcas en los durmientes. Aplique una capa de adhesivo de ¼" de ancho sobre los primeros seis durmientes parando apenas al borde de la línea de control.

**Coloque la primera placa de contrachapado** dejando el borde a ½" separado de la pared, y el borde de empalme a ras con la línea de control. Clave la placa a los durmientes con tornillos para pared de 2". Clávelos cada 6" a lo largo de los bordes y a 8" de distancia al interior de la placa. No clave los tornillos al interior del borde de ensamble hasta que la siguiente fila de contrachapado esté en su lugar.

**Instale las placas de contrachapado** restantes en la primera hilera manteniendo ⅛" de espacio al final. Comience la segunda hilera con media placa (4 pies de largo) para dejar las uniones intercaladas. Incruste el ensamble de la media placa entre el ensamble de la siguiente. Use un mazo y un bloque de madera para hacer el empate si es necesario. Después de terminar la segunda hilera, comience la tercera con una pieza completa. Continúe alternando hasta completar todo el subsuelo.

# Piso del ático

La mayoría de los pisos en los áticos sin terminar son apenas vigas de techo y son muy pequeñas para crear espacios útiles. Sin embargo, si el ático ya tiene cerchas para los pisos (vigas de 2 × 8 o más grandes) o el mismo enmarcado de los pisos al interior de la vivienda, posiblemente no necesitará enmarcado adicional.

Antes de construir, consulte con un arquitecto, ingeniero o contratista, así como con el inspector de construcción de su localidad. Averigüe qué tamaño de vigas necesitará y las opciones permitidas por los códigos locales. El tamaño de las vigas es determinado por la longitud y espacio. Un piso en el ático debe tener la capacidad de soportar 40 libras por pie cuadrado de espacio útil, como ocupantes más muebles, y 10 libras por espacio vacío, como paredes o pisos terminados.

La forma más simple de fortificar el piso del ático es instalar vigas adicionales junto a cada viga existente y luego clavarlas juntas. Este proceso de "vigas paralelas" es llevado a cabo cuando las vigas originales están averiadas o sueltas, crujen, o no pueden soportar peso adicional. El método sólo funciona en vigas de 2 × 6 o más grandes, sin mucha separación y sin obstrucciones.

Otra alternativa es construir un piso nuevo colocando vigas más grandes entre las existentes. Descansar las vigas en separadores de 2 × 4 evita las obstrucciones y minimiza el daño al cielo raso por debajo. Tenga en cuenta que los separadores disminuirán el espacio vertical 1½ pulgadas en adición a la profundidad de las vigas.

Las cavidades al interior de las vigas del piso crean espacio para esconder la tubería, los cables y conductos que alimentan el ático. Considere estos sistemas como parte del plan. Determine la localización o división de las paredes para saber si es necesario instalar bloques adicionales entre las vigas.

Después de terminar el enmarcado, los elementos mecánicos y el material aislante están en su lugar, y todo lo demás ha sido inspeccionado y aprobado, complete el piso instalando contrachapado machihembrado de ¾. Si el proyecto incluye paredes de poca altura, puede omitir el subsuelo que va detrás de estas paredes, pero un subsuelo completo adiciona fortaleza y crea una superficie fuerte para utilizarla como lugar de almacenaje.

## Herramientas y materiales ▸

| | |
|---|---|
| Sierra circular | Contrachapado |
| Escuadra / Taladro | machihembrado |
| Cinta métrica | de ¾" |
| Pistola para silicona | Adhesivo para |
| Maderos para vigas | construcción |
| Puntillas comunes | Tornillos para pared |
| 8d, 10d y 16d | de 2¼" |
| Maderos de 2 × 4 | Martillo |

**Antes de instalar la nueva cubierta del piso en el ático,** compruebe que las vigas son lo suficientemente fuertes para soportar el peso del nuevo espacio útil.

# Cómo agregar vigas paralelas

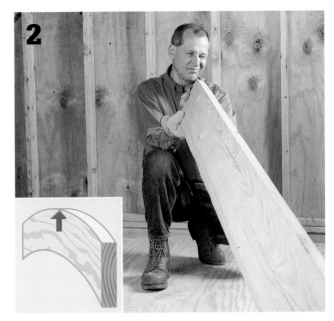

**Quite todo el material aislante** de las cavidades de las vigas y quite con cuidado los bloques y soportes entre las vigas. Establezca la longitud de las vigas paralelas midiendo las actuales. Mida también el lado exterior de cada viga para saber cuánto hay que cortar en la esquina superior para empatar la viga debajo de la superficie del piso. *Nota: Las vigas que descansan sobre una pared de soporte deben traslaparse entre sí por lo menos 3".*

**Antes de cortar las vigas,** revise con cuidado ambos lados angostos de cada viga para determinar el lado curvo o arco que se presenta a lo largo del madero. Dibuje una flecha en el punto de la curva. Las vigas deben instalarse con la comba hacia arriba. Corte el madero a la longitud correcta, luego ancle la esquina saliente superior para empatarla con la viga existente.

**Coloque las vigas paralelas** en su lugar a ras con las vigas existentes y las puntas alineadas. Clave en ángulo cada viga paralela a las placas superiores de ambas paredes de soporte usando dos puntillas comunes 16d.

**Clave las caras de las vigas juntas** con puntillas comunes 10d. Clave 3 puntillas en hileras espaciadas de 12 a 16" de distancia. *Nota: Para minimizar daños (como rajaduras o puntillas salidas) a la superficie del cielo raso inferior, utilice una pistola para clavar puntillas o tornillos de cabeza cuadrada de 3" en lugar de puntillas.* Instale nuevos bloques entre las vigas paralelas como es requerido por los códigos locales.

# Cómo construir un piso en el ático con nuevas vigas

**Remueva los bloques o soportes** instalados entre las vigas existentes. Hágalo con cuidado para no averiar el cielo raso debajo. Corte separadores de 2 × 4 para colocarlos en forma ajustada en cada par de vigas. Coloque los separadores en forma plana sobre la placa superior de cada pared de soporte. Clávelos a las placas superiores con puntillas comunes 16d.

**Haga un bosquejo para las nuevas vigas** midiendo a lo largo de la parte superior de las vigas existentes y use una escuadra para transferir las medidas a los separadores. Deje un espacio de 16" de centro a centro. Marque el bosquejo a lo largo de la pared exterior y luego haga la misma marca al interior de la pared de soporte. El bosquejo en la pared opuesta quedará corrida 11½" para compensar el traslape de la viga al interior de la pared.

**Mida desde el borde externo** de la pared exterior hasta el borde más alejado de la pared de soporte interior. Las vigas deben traslapar sobre la pared al menos 3". Mida la punta exterior en cada viga para saber cuánto necesita cortar en las esquinas superiores para que quepan debajo de la cubierta del techo. Corte las vigas a la medida y luego empareje las esquinas superiores externas como sea necesario.

**Coloque las vigas en el sitio** marcado en el bosquejo. Clave en ángulo la parte exterior de cada viga al separador de la pared exterior usando puntillas comunes 8d.

**Clave las vigas en cada conexión** donde se traslapan encima de la pared interior de soporte con puntillas comunes 10d. Ajuste las vigas en ángulo a los separadores en el interior de la pared de soporte usando puntillas comunes 8d.

**Instale los bloques o soportes** entre las vigas según lo indique el código de construcción local. Como mínima sugerencia, las nuevas vigas deben ser bloqueadas lo más cerca posible a las puntas exteriores y en los puntos donde se traslapan en el interior de la pared.

## Instalación de subsuelos

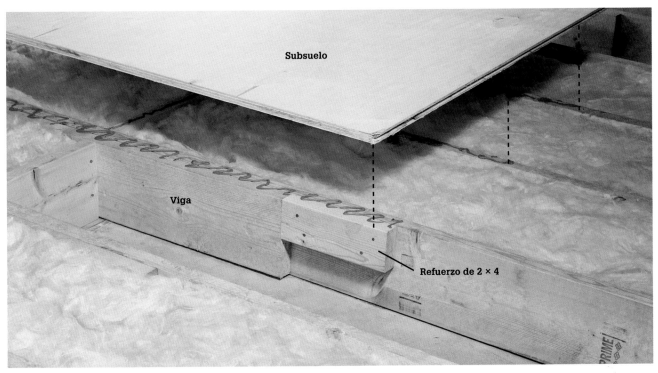

Subsuelo

Viga

Refuerzo de 2 × 4

**Instale el subsuelo** después que todo el enmarcado, la plomería, la electricidad y los conductos están instalados y han pasado las inspecciones requeridas. Instale el aislante y termine de enmasillar lo necesario para controlar el ruido. Conecte las placas del subsuelo con adhesivo para construcción y con tornillos para terraza de 2¼". Las placas deben quedar perpendiculares a las vigas, y la punta de las mismas deben estar intercaladas entre las hileras. Clave un madero de 2 × 4 (o más ancho) a la cara de cada viga para sostener los bordes de las placas.

# Sistema de calefacción para la base del piso

Los sistemas de calefacción de los pisos requieren muy poca energía y están diseñados para calentar sólo los pisos de cerámica, y por lo general no son usados como la única fuente de calefacción de los cuartos.

Estos sistemas consisten en uno o más tapetes (capas) delgados compuestos de alambres eléctricos que se calientan cuando se conectan a una fuente de energía (igual que una manta eléctrica). Los tapetes son instalados debajo del piso de cerámica y están conectados a un circuito GFCI de 120 voltios. Un termostato controla la temperatura y un temporizador controla el tiempo de duración del encendido de forma automática.

El sistema mostrado en este proyecto incluye dos tapetes de malla de plástico, cada uno con su cable caliente conectado directamente al termostato. Los tapetes de calefacción radiante pueden ser instalados sobre el piso contrachapado, pero si piensa instalar piso de baldosa, debe colocar primero una base de placa de cemento, y luego instalar los tapetes sobre esa superficie.

Un paso crucial al instalar este sistema es usar el multi-medidor para hacer varias pruebas de resistencia para asegurarse que los cables de calentamiento no han sido averiados durante el transporte o instalación.

El servicio eléctrico requerido para este sistema es determinado según su tamaño. Un sistema pequeño puede conectarse a un circuito GFCI existente, pero uno grande necesitará un circuito dedicado. Siga las instrucciones del fabricante.

Para ordenar sistemas de calefacción de pisos, contacte al fabricante o al distribuidor (ver Recursos, en la página 266). En la mayoría de los casos, puede enviarles los planos y ellos diseñarán el sistema que se ajuste al proyecto.

## Herramientas y materiales ▸

| | |
|---|---|
| Aspiradora / Taladro | Malla de plástico radiante |
| Multi-medidor | Cable 12/2 NM |
| Cinta métrica | Palustre o llana de plástico |
| Tijeras / Marcador | Conductor |
| Rutiladora | Cemento delgado |
| Cable indicador de falla eléctrica (opcional) | Termostato con sensor |
| | Caja(s) de unión |
| Pistola de pegamento caliente | Cinta para alfombra de doble pegamento |
| Cerámica o piedra | Conectores para cables |

**Un sistema de calefacción** para los pisos utiliza mallas eléctricas cubiertas con piso de cerámica o baldosa para generar un agradable calor bajo sus pies.

# Consejos para la instalación ▸

Termostato

Temporizador

Cable del circuito dedicado

Cable sensor del termostato

Conductor eléctrico

Cable caliente

Malla de plástico radiante

Piso de cerámica

Mezcla delgada de cemento

Malla de plástico radiante

Base de placa de cemento o concreto

**Un sistema de calefacción** de los pisos requiere de un circuito dedicado para activar y controlar la malla de plástico radiante, el termostato y el temporizador.

- Cada malla radiante debe estar conectada directamente a la fuente de corriente desde el termostato, con la conexión hecha en la caja de unión en la cavidad de la pared. No instale mallas radiantes en serie.
- No instale mallas radiantes debajo de las duchas.
- No traslape una malla sobre la otra o deje que se toquen.
- No corte o dañe el aislante del cable de calefacción.
- La distancia de los cables en las mallas adyacentes debe ser igual a la distancia entre la curva de los cables medida de centro a centro.

# Instalar un sistema de calefacción para el piso

**Los sistemas de calefacción** de pisos deben ser instalados con un circuito de amperaje adecuado y un cortacircuito GFCI. Sistemas pequeños pueden acoplarse a circuitos ya existentes, pero los grandes necesitan un circuito dedicado. Siga los códigos locales eléctricos y para la construcción que se relacione con su proyecto.

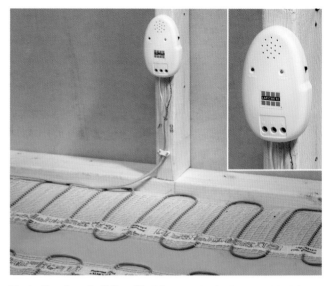

**Un indicador de falla eléctrica** monitoriza la continuidad de cada malla radiante durante la instalación. Si hay una interrupción en el flujo de corriente (si se corta el cable), sonará una alarma. Si no usa esta herramienta durante la instalación, haga pruebas de continuidad frecuentes con un multi-medidor.

# Cómo instalar un sistema de calefacción en los pisos

**1**

**Instale las cajas eléctricas** para montar el termostato y el temporizador. En la mayoría de los casos la caja debe estar ubicada a 60" de altura del piso. Use una caja de unión doble de 4" de profundidad × 4" de ancha para el termostato y el temporizador si el juego tiene un modelo integral. Si el termostato y el temporizador están separados, instale una caja para el temporizador.

**2**

**Perfore agujeros de acceso** en la base para pasar los cables calientes unidos a la malla de calefacción (deben tener más de 10 pies de largo). Los cables deben conectarse a un cable alimentador desde el termostato en la caja de unión, ubicada en la pared cerca del piso y debajo de la caja del termostato. El agujero de acceso para cada malla debe estar debajo del orificio prefabricado para ese cable en la caja del termostato. Perfore la base vertical y horizontalmente hasta que los huecos se unan en forma de "L".

**3**

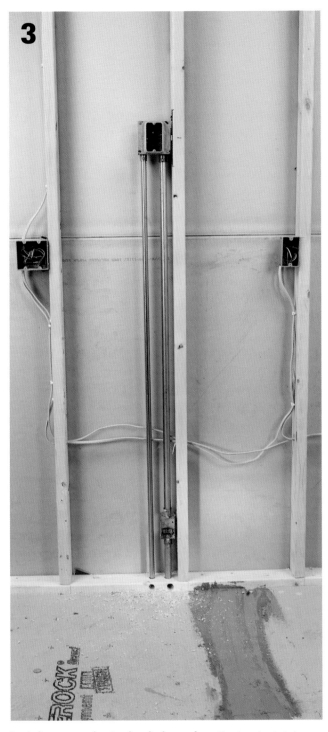

**Instale un conducto desde las cajas** eléctricas hasta la base. El conducto debe ser de ¾" de ancho. Si está instalando múltiples mallas, el conducto debe caber en la caja de unión a unas 6" de la base, y luego continuar hasta el agujero perforado de ¾" para los cables alimentadores. Los cables sensores necesitan un solo conducto de ½" que viene directamente de la caja del termostato a través del mismo. Las mallas deben ser activadas por un circuito dedicado GFCI de 20 amperios, con cable 12/2 NM traído desde el panel principal de servicio hasta la caja eléctrica (para mallas de 120 voltios. Vea el manual de instrucciones para más especificaciones).

**4**

**Limpie el piso por completo** de desechos y evite dañar las mallas. Usar una aspiradora es más efectivo que una escoba.

**5**

**Haga la prueba de resistencia** con un multi-medidor programado para medir ohmios. Debe hacer esta prueba varias veces durante la instalación, así como la de continuidad. Si la resistencia está fuera de rango de más del 10% de lo establecido (ver la tabla del fabricante en las instrucciones de instalación), contacte al servicio técnico al cliente del fabricante. Por ejemplo, teóricamente la resistencia para la malla de 1 × 50 pies de este ejemplo es 19, entonces la lectura de los ohmios debe ser entre 17 y 21.

**6**

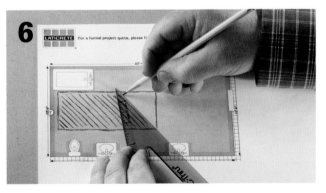

**Finalice el plano de instalación de la malla.** La mayoría de los fabricantes de mallas de calefacción radiante le ofrecerán un plano de instalación al momento de la compra, o le darán acceso a un diseño en la Internet donde puede crear su propio plan. Este es un paso importante para tener éxito en su instalación, y el servicio es gratis.

(continúa)

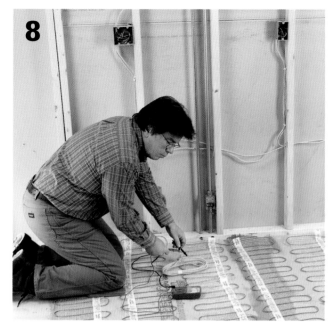

**Desenrolle la malla(s) y déjela que se aplane.** Arréglela según lo creado en el plano. Puede cortar el plástico de la malla para que pueda hacer curvas o zigzags, pero de ninguna manera corte el cable de calefacción, ni siquiera para acortarlo.

**Termine la distribución de la malla** y pruebe la resistencia una vez más con el multi-medidor. También pruebe la continuidad en varios lugares. Si tiene problemas con cualquier malla, identifíquelo y corríjalo antes de continuar con la instalación de la argamasa o cemento.

**Pase el cable sensor del termostato** desde la caja eléctrica por el conducto de ½" y sáquelo por el agujero en la base. Escoja el mejor sitio para instalar el termostato sensor y márquelo en el piso. También marque las localizaciones de los cables que se conectan hacia y desde el sensor.

**Variación:** Enrolle las mallas y abra un canal en el piso para el sensor y los cables del mismo. Una broca de corte en espiral es por lo general suficiente para cortar cualquier material del piso. Esa herramienta hace un buen y rápido trabajo. Limpie todos los desechos.

**Aplane las mallas contra el piso.** Si tienen instaladas tiras de pegamento, despegue el protector a medida que desenrolla la malla en la posición correcta y presiónela contra el piso para pegarlas. Si las mallas no vienen con pegamento, use cinta con pegante en ambas caras como la usada para instalar alfombras. El sensor del termostato y los cables de la fuente de corriente deben ser adheridos con pegante caliente (ver foto adjunta) y llevados a los huecos respectivos en la base, si todavía no lo ha hecho. Haga las pruebas de resistencia y continuidad en las mallas.

**Cubra las áreas de instalación** con una mezcla de argamasa lo suficientemente espesa para cubrir las mallas y cables (por lo general ¼" de espesor). Haga las pruebas de resistencia y continuidad una vez más y pare el trabajo de inmediato si hay una baja en la resistencia o una falla en la continuidad. Deje secar el cemento o argamasa toda la noche.

**Conecte los cables de la malla(s)** al cable NM que viene del termostato al interior de la caja de unión cerca de los montantes en la pared. La corriente debe estar apagada. Los cables calientes deben ser cortados dejando unas 8" al interior de la caja. Use abrazaderas de cables para protegerlos.

**Conecte el cable del sensor** y el cable de la fuente de corriente (desde la caja de unión) al termostato/temporizador según las instrucciones del fabricante. Monte el dispositivo en la caja eléctrica, conecte la electricidad, y luego pruebe el sistema para asegurarse que funciona. Una vez comprobado, instale el piso de cerámica y arregle la pared.

# Instalaciones

Entre todos los proyectos de remodelación en una vivienda que puede realizar por sí mismo, cambiar o instalar pisos es quizás el más gratificante. Es muy posible que ya tenga y sepa manejar la mayoría de las herramientas necesarias, y las que no tiene son fáciles de alquilar en centros de construcción. Si tiene duda sobre sus habilidades manuales, no se desanime. Instalar pisos no requiere de un conocimiento o habilidad extraordinaria; sólo debe planear con cuidado.

## En este capítulo:

- Pisos de madera
- Pisos con material de bambú
- Pisos de madera en parqué
- Pisos flotantes de madera pre-laminada
- Pisos con tableros de vinilo
- Pisos de linóleo
- Pisos con tableros elásticos
- Pisos con tableros de material de corcho
- Pisos con material de caucho reciclado
- Pisos de cerámica, piedra y vidrio
- Baldosas en mosaico
- Pisos con tableros combinados
- Tableros de porcelana con rápido ensamble
- Tableros de ensamble intercalado
- Piso de caucho en rollo adherido a la base
- Piso de caucho en rollo unido en los bordes
- Pisos de tiras elásticas de vinilo
- Alfombra o tapete
- Piezas cuadradas de alfombra o tapete

# Pisos de madera

Desde la época en que las primeras viviendas permanentes fueron construidas, la madera se ha convertido en el material predilecto para utilizar en los pisos. Este material continúa siendo muy atractivo en casas modernas debido a su calidez, carácter, adaptabilidad y su capacidad inigualable de envejecer con elegancia. Fuera de ser simplemente atractivo, el piso de madera es sorprendentemente durable. Puede durar muchos años si se mantiene limpio y no se expone a la humedad.

La apariencia general de estos pisos es influenciada por el ancho de la madera. El más común es el piso de listón, pero tablones más anchos pueden dar una apariencia rústica al espacio adecuado. También puede mezclar maderos de diferente anchura para crear diseños dinámicos y exclusivos a lo largo del piso. Esta alternativa puede ser un poco riesgosa y quizás no deba intentarla si no tiene experiencia suficiente en este tipo de trabajo.

Los listones y tablones tradicionales de madera están fabricados con ensambles machihembrados y son clavados con puntillas sobre bases sólidas o subsuelos nivelados. Esta es todavía una forma segura y permanente de instalar pisos de madera. Los pisos de parqué, o tableros compuestos de pequeñas piezas de madera organizadas en patrones intrincados, son instalados con adhesivo (como son instalados la mayoría de los pisos de madera sobre una placa de concreto). Otros tipos de madera pueden ser instalados como pisos flotantes con piezas individuales ensambladas unas a otras sobre una base acolchonada y sin adherirse al subsuelo o paredes.

Para crear efectos impactantes en cualquier tipo de piso de madera, diseñe un emblema, incrustación, u otro tipo de elemento llamativo. Existen muchas formas para crear un acento único para complacer tanto a la vista como a los pies. Muchos fabricantes producen una gran variedad de diseños que se empatan con el espesor de cualquier tipo de piso.

El piso instalado en el siguiente proyecto es de estilo de tablero y no es considerado de madera: es un piso hecho de bambú tratado (cortesía de Teragren Fine Bamboo Flooring, página 266). Con $\frac{5}{8}$ de pulgada de espesor y $5\frac{1}{2}$ de ancho, este piso fue instalado con la misma forma de clavado como la madera sólida con ensamble machihembrado.

## Herramientas y materiales ▶

| | | | |
|---|---|---|---|
| Sierra circular con disco de diente fino | Protección para ojos y oídos | Puntillas comunes | Umbrales |
| Cinta métrica | Retazo de madera | Adhesivo para pisos | Masilla para madera |
| Cuerda de tiza | Tableros de madera | Pistola para silicona | Papel de lija |
| Sierra ingletadora compuesta | Papel para construcción 15# | Taladro | Molduras |
| Abrazaderas | Grapadora / Martillo | Juego de punzones | Materiales de acabado |
| Sierra de vaivén | Puntillas de acabado 8d | Martillo hidráulico (puede alquilarse) | Palustre con muescas |
| Guía para cortar | | Mazo | Adhesivo para madera |
| | | Barra para pisos | Trozo de cartón |
| | | | Rodillo para pisos |

**Los pisos de madera** dan un toque cálido y elegante a cualquier espacio, y durará por muchos años si es mantenido en forma correcta.

# Herramientas para instalar pisos de madera

**Entre las herramientas eléctricas para instalar pisos de madera se incluyen:** Sierra ingletadora compuesta (A), sierra circular (B), sierra de vaivén (C), pistola hidráulica para clavar puntillas (D), taladro operado con baterías (E).

**Entre las herramientas manuales para instalar pisos de madera se incluyen:** Rodillo para pisos (A), palustre con muescas (B), escuadra (C), grapadora (D), cinta métrica (E), martillo (F), cuerda de tiza (G), juego de punzones (H), mazo de caucho (I), barra para el piso (J), espátula (K), navaja (L), pistola para silicona (M).

# Umbrales y molduras ▸

Al instalar los pisos laminados o de madera, deje un espacio de ½" entre el perímetro del piso y las paredes para permitir la expansión y contracción de la madera con los cambios en la humedad y temperatura.

También tendrá que dejar espacios en los umbrales que cubren el área entre habitaciones y alrededor de obstáculos pequeños, como tuberías. Para cada situación, existe una moldura que cumple con sus necesidades.

Un piso no está completamente terminado hasta que todos sus componentes estén en su lugar. Las molduras ayudarán a darle una apariencia profesional a su trabajo. Los nombres de las molduras pueden diferir de acuerdo con el fabricante.

Las molduras de madera son utilizadas como un elemento apropiado de transición entre los pisos de madera y baldosa en habitaciones contiguas.

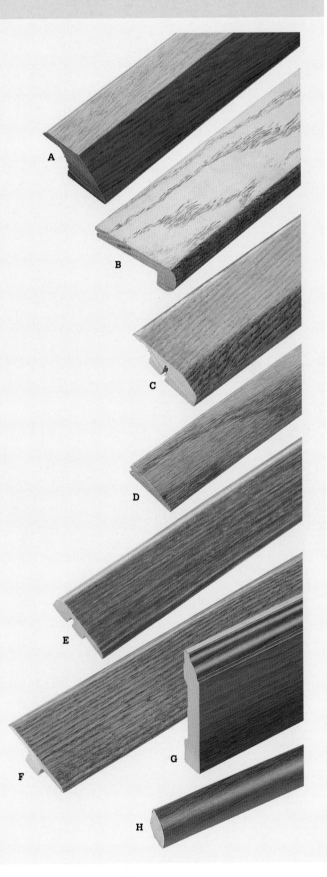

A. **La moldura de transición de alfombra** es usado para terminar y crear un cambio suave entre los pisos de madera y la alfombra.

B. **La caída de la escalera** se utiliza para cubrir los bordes expuestos de las escaleras donde los escalones se encuentran con los pasos. También es usado entre los últimos escalones bajos y los descansos.

C. **El umbral pequeño** es usado en reemplazo de las molduras para la base y ¼ de piezas redondas al frente de las puertas de vidrio corredizas o umbrales de puertas, para llenar el espacio entre el piso y la puerta.

D. **Las tiras de transición,** también llamadas tiras de cambio, se usan entre habitaciones cuando los pisos tienen diferentes alturas o están terminados con diferentes materiales.

E. **Las molduras de traslapos** también son usados entre habitaciones cuando un piso tiene una altura diferente que el área adyacente.

F. **Las molduras en forma de T** se usan para conectar dos pisos de una misma altura. También son usados en puertas de entrada y umbrales para crear una suave transición. Las molduras en forma de T no se pegan contra el piso permitiendo la expansión y contracción del mismo.

G. **Las molduras para la base** se usan en casi todo tipo de piso y están disponibles en una gran variedad de diseños y espesor. Se instalan en la parte inferior de la pared para cubrir el espacio entre el piso y las paredes.

H. **La moldura redonda de ¼,** similar a una moldura de zapato, se instala a lo largo del borde inferior de la moldura de la base y por encima del piso. Cubre los espacios restantes entre el piso y las paredes.

# Corte del piso de madera

**Corte los tableros** de madera en dirección de la veta sobre la parte trasera para evitar astillar la superficie superior. Mida la distancia desde la pared hasta el borde del último madero instalado, reste ½"para permitir la expansión. Transfiera esa medida a la parte trasera del tablero y marque el corte con una cuerda con tiza.

**Cuando corte los tableros** de madera en dirección de la veta con una sierra circular, coloque otro trozo de madera al lado del que va a cortar para crear una superficie pareja para la base de la sierra. Una la guía de corte a los tableros con una abrazadera para hacer un corte derecho.

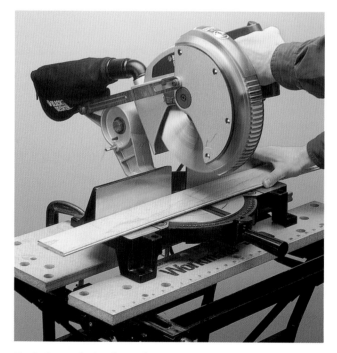

**Corte la madera a lo ancho** con una sierra ingletadora compuesta. Coloque la superficie superior del madero hacia arriba para evitar astillarlo.

**Haga los cortes de muescas** o en curvas sobre la madera con una sierra de vaivén o una de calar. Si utiliza la sierra de vaivén, la cara acabada debe estar hacia abajo. Junte el piso a la mesa de trabajo con una abrazadera cuando haga los cortes.

# Cómo instalar pisos de madera en listón

**Aclimate el piso amontonando** las placas en el sitio de la instalación. Separe las hileras con estacas de madera. Deje el material en ese lugar por varios días o según lo indicado por el fabricante. *Consejo: Inspeccione la madera apenas la reciba. Compruebe que no tiene mayores defectos como nudos, grietas, rajaduras, combas o brotes. Es fácil de reemplazar maderos imperfectos durante el proceso de aclimatación que en medio de la instalación.*

**Instale una capa de papel** de construcción sobre todo el piso traslapando los bordes 4". El propósito del papel es principalmente eliminar el ruido causado por la madera cuando raspa o presiona el piso de la base el cual debe ser instalado y nivelado antes de la instalación de la madera (vea las páginas 64 a 71).

**Compruebe que la habitación** está cuadrada poniendo en práctica la regla de 3-4-5 (mida hacia afuera 3 pies desde una esquina en una dirección y 4 pies en la otra. La distancia entre las marcas debe ser exactamente 5 pies). Si la habitación no está cuadrada, tendrá que decidir cuál pared (por lo general la más larga) va a usar como base para comenzar a instalar el piso.

**Localice las vigas del piso** y clave una puntilla en cada punta (céntrela en la viga). Haga una marca con la cuerda de tiza a lo largo de la línea central en cada viga para conectar las puntillas. Use esta marca como referencia para instalar los pisos.

(continúa)

**5**

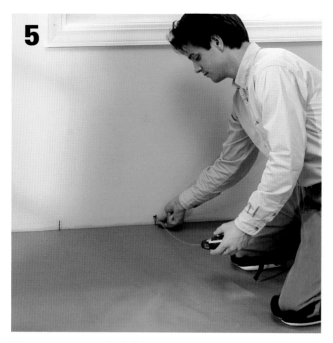

**Haga una marca de inicio.** Mida ¾" hacia afuera desde la pared más larga, perpendicular a las vigas del piso, para permitir la expansión de la madera. Clave una puntilla en cada punta y haga otra marca con la cuerda de tiza en forma paralela a la pared.

**6**

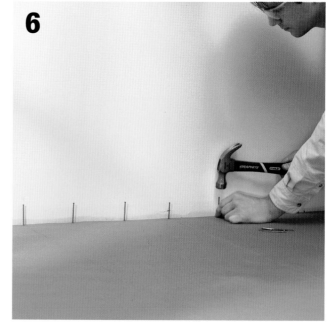

**Clave puntillas de separación,** como las puntillas para acabado 8d, de cada 4 a 5" de distancia a lo largo de la línea con tiza como guía para instalar la primera hilera de tableros. Clávelas sólo lo necesario para que queden estables, pero con la cabeza salida lo suficiente para que sirva para detener el piso y para poder sacarlas con facilidad más adelante.

**7**

**Coloque temporalmente los tableros** en las primeras dos o tres hileras para establecer la posición y la mejor apariencia. Marque los tableros por detrás para mantenerlos en el orden escogido y luego quítelos del área de trabajo.

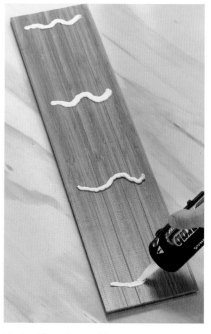

**Variación:** Algunos fabricantes recomiendan aplicar una capa de adhesivo para pisos sobre las piezas traseras o en las más anchas antes de clavarlas. Utilice el adhesivo recomendado y aplíquelo a lo ancho de los tableros. Mantenga el adhesivo al menos ½" de distancia de los bordes y 1½" de las puntas finales.

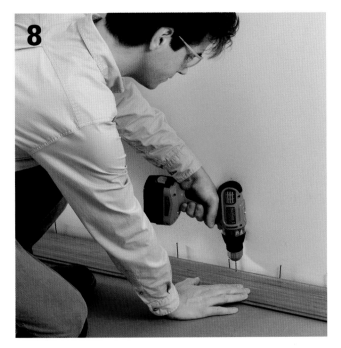

**8**

**Instale la primera hilera.** Seleccione los tableros más largos que tenga disponibles para colocarlos en esta hilera. Colóquelos en su lugar y abra agujeros cada 8" para clavar las puntillas a lo largo del borde de la pared. Ubique los agujeros de ¼ a ½" del borde donde van a ser cubiertos por la moldura de la base y el cuarto de forma redonda.

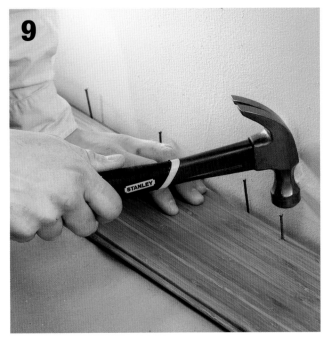

**9**

**Instale los primeros tableros** clavando las puntillas de acabado 8d al interior de los agujeros guía a lo largo del borde de la pared. Incruste las cabezas de las puntillas con un punzón.

**10**

**Abra agujeros guía** a través de las lengüetas de la primera hilera de tableros para las puntillas de acabado 8d. Asegúrese que las cabezas de las puntillas no se salgan de la lengüeta porque interferirían con el ensamble machihembrado.

## Expandir el tope de los agujeros ▸

Los pisos con tableros anchos con frecuencia requieren que los últimos maderos se claven al subsuelo. Esto es más común cuando está instalando pisos de madera sin ensamble machihembrado en las piezas finales. En tales casos, expanda la parte superior de los agujeros guía para dar cabida a los tapones de madera. Después de instalar los maderos, compruebe que todos los tornillos están ajustados (no debe sobre clavarlos) y luego aplique adhesivo a los tapones para colocarlos sobre los agujeros. Los tapones deben ser de la misma clase de madera del piso (si no es posible conseguirlos, instale unos que contrasten con la textura de la madera del piso). Lije los tapones para dejarlos a ras con la superficie adyacente y aplique el acabado al mismo tiempo. *Nota: Si está usando tapones del mismo material del piso, oriéntelos sobre el agujero en la misma dirección de la veta de la madera y paralelos a los maderos. Si va a utilizar tapones que contrastan con el piso, colóquelos para que la textura de los mismos quede en forma perpendicular a la madera.*

**Tapones de madera y broca para expandir el tope del agujero**

(continúa)

**Corte la punta de los tableros** a la medida exacta para terminar cada hilera. Deje la parte lisa contra la pared. Trate de mantener el ensamble machihembrado si el piso lo requiere en las puntas. Corte los tableros con un disco de diente fino. Haga los cortes sobre la cara frontal de la pieza para minimizar la posibilidad de astillas.

**Después de la segunda hilera** utilice el clavador de pisos para clavar las puntillas en las lengüetas en cada tablero. La máquina se golpea con un mazo para accionar el clavado. Pueden ser alquiladas en la mayoría de los centros de construcción. *Nota: Puede clavar la madera a mano, pero debe abrir agujeros guía para evitar averiar la lengüeta en los tableros.*

**Mantenga las hileras bien ajustadas.** A medida que instala los tableros utilice una barra para pisos sobre la parte abierta del mismo para empujar el tablero sobre el ensamble machihembrado. Empuje la barra con un mazo.

**Al final de cada hilera** a lo largo de las paredes, utilice la barra para pisos para ajustar los tableros. En la última hilera, golpee los tableros lo necesario, use la barra para sentarlos y clávelos a lo largo del borde como lo hizo en la primera hilera.

**15**

**Si el tablero está algo** encorvado, construya cuñas de ensamble para forzar el tablero en la posición correcta antes de clavarlo. Fabrique las cuñas cortando dos triángulos con un trozo de madera para el piso de 1 pie² o más grande (ver anexo). Clave una mitad de la cuña con el borde frontal paralelo al tablero encorvado. Inserte el ensamble machihembrado de la otra cuña dentro de la lengüeta del tablero encorvado y martíllelo hasta que el tablero quede a ras con la superficie contigua. Clave el tablero y remueva las cuñas.

**16**

**Instale una tira de** moldura de transición como sea necesario entre el último tablero y las áreas contiguas. Corte la tira a la medida y luego ensamble la lengüeta sobre el machihembrado del tablero. Abra agujeros guía y clave la tira con puntillas de acabado 8d. Incruste las puntillas con un punzón, cubra las cabezas con masilla y luego líjelas hasta suavizar la superficie.

**17**

**Instale la moldura redonda** de transición de ¼ (o moldura de zapato) para cubrir todos los espacios de expansión en los bordes del piso a lo largo de las paredes. Pinte la moldura antes de instalarla.

**18**

**Para invertir la dirección de la lengüeta** y canal (machihembrado) en las entradas y en otras áreas abiertas, pegue una tira flexible sobre la canal del tablero. Ensamble la canal del siguiente tablero al interior de la tira flexible y clávela en su lugar como lo ha hecho antes.

## Acabado de los tableros ▶

Los tableros estándar por lo general vienen cubiertos con un acabado transparente o de poliuretano con resina de ámbar, pero su tono variado permite la posibilidad de considerar otras opciones para el acabado.

**La cera es un antiguo** acabado para los pisos, la cual lo protege pero necesita ser aplicado con regularidad. Aplicar la cera es un trabajo intenso pero fácil de realizar. El acabado enfatiza las variaciones de las vetas —una ventaja para muchas de las variedades de madera utilizadas en los tableros—. También crea un brillo reluciente sobre la superficie que resalta el material.

**El aceite del árbol de "tung"** (una especie de nuez originaria de China de la familia de las Vernicia) y el aceite de linaza, no protegen tan bien como la cera, pero puede ser complementado con tinturas, selladores, u otros agentes para lograr un acabado más durable en una variedad de tonos. Este acabado tiene la apariencia plástica que algunos prefieren en la madera.

# Cómo instalar tableros de madera pegados por completo al piso

**Para crear una línea derecha,** trace una marca con la cuerda de tiza paralela a la pared más larga, a unas 30" de distancia de la pared. Puede arrodillarse en este lugar para iniciar la instalación.

**Aplique adhesivo para el piso** al subsuelo al otro lado de la marca utilizando un palustre con muescas y siguiendo las instrucciones del fabricante. No cubra la línea de marca con el adhesivo.

**Aplique el adhesivo** para la madera al lado acanalado de cada pieza a medida que las instala para mantener las uniones ajustadas. No aplique adhesivo sobre los lados largos de los maderos.

**Instale la primera hilera del tablado** con el borde de las lengüetas colocadas directamente sobre la línea de marca. Las uniones deben quedar ajustadas. Limpie el exceso de pegamento de inmediato. Deje un espacio de ½" al lado de las paredes para permitir la expansión de la madera. El espacio será cubierto por la moldura final.

**Para instalar las hileras siguientes**, inserte la lengüeta al interior de la canal de la hilera anterior y presione la pieza sobre el adhesivo. Deslice suavemente la lengüeta en la canal. Cuando llegue a la pared, use un martillo y una barra para pisos para ajustar las uniones de la última hilera (ver anexo).

**Después de instalar tres o cuatro** hileras, use un mazo y un trozo de madera del piso para golpear los tableros juntos para cerrar las uniones. Todos los tableros deben quedar ajustados.

**Construya una plantilla de cartón** para instalar los tableros en lugares difíciles. Corte la plantilla al tamaño del área a cubrir dejando ½" de espacio para permitir la expansión al lado de la pared. Trace el contorno de la plantilla sobre el tablero y luego córtelo con una sierra de vaivén. Termine de colocar el resto de los tableros sobre el piso.

**Presione el piso contra el adhesivo** usando un rodillo pesado. Realice esta acción dentro de tres horas después de haber aplicado el adhesivo. Trabaje en secciones y termine la instalación del piso en la sección entre la línea de comienzo y la pared.

**Un emblema creado con tiras de madera** y contrachapado puede convertirse en un atractivo diseño cuando se incorpora en una superficie de madera. Los distribuidores de pisos en su localidad o a través de la Internet con seguridad tienen muchos diseños a su disposición. También considere un carpintero en su comunidad para crear este tipo de diseños.

## Instalación de emblemas decorativos

Si hay algo más atractivo bajo sus pies que un nuevo piso de madera, es un emblema de decoración que se complemente con el resto de la superficie. Muchos diseños listos para utilizar, como el presentado en este proyecto, son relativamente fáciles de instalar y se convierten en el punto focal de todo el piso.

### Herramientas y materiales ▸

| | |
|---|---|
| Emblema | Protección para ojos |
| Plantilla de instalación | y oídos |
| Martillo | Masilla |
| Palustre con muescas | Puntillas |
| Rutiadora | Adhesivo de uretano |
| Barra de palanca | para pisos |

## Cómo instalar un emblema en el piso

**Coloque el emblema donde desea** instalarlo en el piso. Dibuje una línea de bosquejo alrededor del emblema sobre el piso.

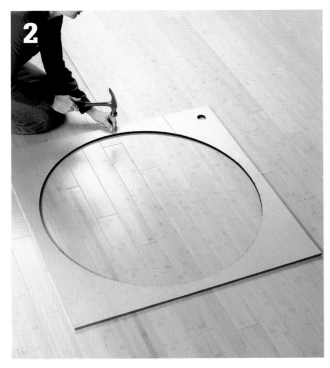

**Clave la plantilla de instalación** al piso dejando la abertura alineada con el bosquejo trazado del emblema en el paso anterior. Clave las puntillas en las vigas por debajo del piso.

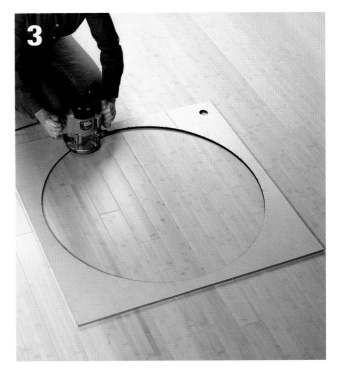

**Utilice la broca para** la rutiadora proporcionada con el emblema y coloque la máquina en el borde interior de la plantilla. Haga un corte de ¼" de profundidad. Luego quite las puntillas o grapas expuestas. Haga cortes repetidos con la rutiadora hasta incrementar gradualmente la profundidad.

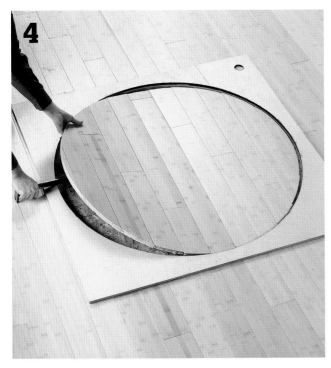

**Utilice la barra para remover** el piso al interior del agujero. Quite las puntillas. Coloque el emblema en el interior del orificio para probar que cabe. Quite la plantilla y llene los huecos creados por las puntillas con masilla para madera.

**Aplique adhesivo de uretano** para pisos al interior del subsuelo donde se removió la pieza de madera. Esparza el adhesivo con un palustre. Coloque el emblema en la posición correcta y presiónelo con firmeza sobre el adhesivo para nivelarlo con el resto del piso.

# Pisos con material de bambú

Es parecido a la madera, y puede conseguirse con el ensamble tradicional de machihembrado en tableros laminados, pero el bambú no es una madera. Es una yerba y uno de los materiales más populares para instalar en los pisos en la actualidad.

Los pisos de bambú se fabrican procesando los troncos de las ramas. El material es presionado y combinado con resina que lo une y le da la forma final. El bambú crece con rapidez y puede se reciclado, y los fabricantes que producen los pisos utilizan elementos con componentes orgánicos volátiles de baja emisión (VOC). El resultado final es una superficie fuerte, económica y beneficiosa para el medio ambiente. En pocas palabras, es casi que el piso perfecto.

Si se decide por estos pisos con ensamble machihembrado, las técnicas de instalación son las mismas que los pisos de madera. El bambú también está disponible en placas laminadas de rápido ensamble para instalarse como pisos flotantes. Este proyecto muestra el sistema "Teragren Synergy Strand in Java" (ver Recursos en la página 270): placas delgadas y durables adheridas al subsuelo.

## Herramientas y materiales ▸

| | | | |
|---|---|---|---|
| Adhesivo | Cinta métrica | Rodillo pesado | Pesas |
| Nivel | Medidor de humedad | Material para pisos | Molduras |
| Escuadra | Palustre con muescas | de bambú | Nivelador de pisos |
| Cuerda de tiza | Mazo de caucho | Martillo / Taladro | (si es necesario) |
| Utensilios para | Trozo de madera | Tornillos / Puntillas | Papel de lija |
| la limpieza | Estacas | Sierra circular | Protección para |
| Lápiz o marcador | Regla derecha | Papel de envoltura | los ojos y oídos |

## Consejos para una buena instalación ▸

RANGO DE TEMPERATURA RECOMENDADO 60° 70°

RANGO DE HUMEDAD RECOMENDADO 40% 60%

Los pisos de bambú deben ser uno de los últimos elementos a instalar en un proyecto de construcción o remodelación. Los trabajos con agua o humedad deben completarse antes de instalar los pisos. La temperatura y humedad del área debe ser consistente con las condiciones normales a lo largo del año, y por lo menos una semana antes de la instalación. Se recomienda una temperatura entre 60 y 70° F (15 y 21° C), y una humedad del 40 al 60%.

En los pisos con calefacción, la temperatura del subsuelo nunca debe exceder 85° F ( 29° C). Revise las instrucciones del fabricante sobre la temperatura del agua en la tubería. Conecte el calentador tres días antes de la instalación. La temperatura de la habitación no debe variar más de 15° F (8° C) durante todo el año. En trabajos con adhesivo, deje la calefacción encendida por tres días después de terminar la instalación.

**Los pisos de bambú** pueden imitar la apariencia de los pisos de madera, y es un recurso natural mucho más sostenible que produce menor cantidad de químicos dañinos durante el proceso de fabricación.

# Cómo instalar un piso de tableros de bambú

**Deje que el material se ajuste** a las condiciones climatológicas del área de instalación. Guárdelo por lo menos 72 horas cerca o en el espacio de trabajo donde va a ser instalado. Abra los paquetes para inspeccionarlos y no los coloque sobre el concreto o cerca a las paredes exteriores.

**Aún cuando los tableros delgados** de bambú son un material procesado, puede variar en apariencia. Compre todo el material del mismo lote o número de serie. Inspeccione los tableros para comprobar que coordinan. Haga la inspección bajo la misma fuente de luz que tendrá después de ser instalado.

**Inspeccione el subsuelo.** Los tableros de bambú pueden ser instalados sobre contrachapado o sobre "oriented strand board" (otro material común para el subsuelo) de al menos ¾" de espesor. El subsuelo debe estar bien construido. Las superficies de madera no deben tener más del 12% de humedad.

**Compruebe que el subsuelo** está nivelado. No debe inclinarse más de ⅛" en una distancia de 10 pies. Si es necesario, aplique un nivelador de piso para emparejar todos los espacios vacíos y lije también las protuberancias. Evite los pisos con chirridos clavando tornillos cada 6" al interior del subsuelo.

**5**

**Aspire y limpie toda la superficie,** luego mida las dimensiones del área.

**6**

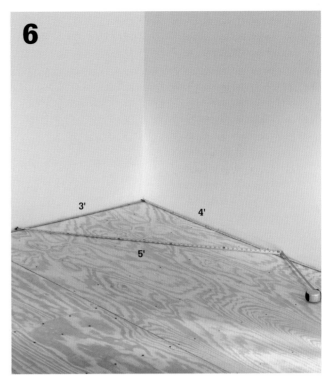

**Compruebe que las esquinas** están cuadradas usando el método triangular 3-4-5 (ver la página 84).

**7**

**Los tableros deben quedar** perpendiculares a las vigas del piso. Ajuste el punto inicial si es necesario. Haga una marca con la cuerda con tiza al lado de la pared más larga. La distancia desde la pared debe ser igual en ambas puntas. Deje ½" de espacio para permitir la expansión.

**8**

**Instale la primera hilera de tableros** con el borde de la lengüeta recostado contra la pared. Alinee los tableros con la marca de tiza. Sostenga el borde de la hilera con estacas o clavando la lengüeta. Esta hilera va a servir como soporte para las demás y debe dejarla bien segura en su lugar.

(continúa)

**9**

**Una vez la hilera inicial** está en su lugar, instale los tableros utilizando un adhesivo para pisos de alta calidad. Siga las instrucciones del fabricante. Comience en la marca con tiza y aplique suficiente adhesivo para instalar una o dos hileras de tableros. Esparza el adhesivo con un palustre con muescas en forma de "V" colocado en un ángulo de 45°. Deje secar el adhesivo el tiempo especificado.

**10**

**Cuando el adhesivo esté pegajoso** y listo para usar, coloque la primera sección de los tableros de bambú. Coloque cada uno sobre el adhesivo golpeándolo suavemente con un trozo de madera y un mazo de caucho. Revise el borde de cada sección para mantenerlos en línea recta.

**11**

**Después de terminar la primera sección,** cubra el área siguiente con adhesivo y déjelo descansar hasta que se vuelva pegajoso. Es necesario esperar hasta que el adhesivo se torne de esa forma aún cuando retardará un poco el trabajo. Esto permite también que se siente la sección que acaba de terminar.

**12**

**Cuando el adhesivo esté pegajoso,** coloque la siguiente serie de tableros. Ajuste los nuevos en forma apretada contra los anteriores, pero tenga cuidado de no mover lo que ya ha instalado. Si los tableros tienen un ensamble machihembrado, ajústelos con cuidado en el sitio correcto.

**13**

**Continúe aplicando el adhesivo** e instalando los tableros una sección a la vez hasta cubrir todo el piso. Si el adhesivo se pasa a la superficie acabada, límpielo de inmediato.

**14**

**En los bordes y alrededor** de objetos fijos, como puertas o tubos de plomería, deje ½" de espacio para permitir la expansión del piso. Utilice estacas para mantener constante el espacio de expansión si es necesario. Estos van a ser cubiertos con las diferentes molduras que se instalarán alrededor de la habitación al final del trabajo.

**15**

**A medida que termina cada sección,** camine a su alrededor unas cuantas veces para maximizar el contacto entre los tableros y el adhesivo por debajo. Después de instalar todos los tableros, limpie la superficie y utilice un rodillo pesado para crear presión. Empuje el rodillo en diferentes direcciones cubriendo toda el área varias veces.

**16**

**En aquellos lugares donde es difícil** pasar el rodillo, cúbralos con algún material protector, como papel de envoltura, y coloque una serie de pesas sobre el mismo. Deje que el piso se siente por lo menos 24 horas. Luego limpie la superficie, quite los separadores usados para la expansión e instale las molduras finales alrededor de los bordes.

# Pisos de madera en parqué

Si desea tener un piso con una apariencia y diseño mucho más atractivo, considere la posibilidad de instalar una superficie de parqué. Este acabado presenta un impacto visual más interesante que los pisos de madera en listones y al mismo tiempo sin sacrificar la elegancia y belleza del material. Los pisos de parqué vienen en una variedad de diseños y estilos para crear efectos geométricos. Puede variar desde diseños sofisticados y exclusivos, hasta los más comúnmente disponibles y menos costosos diseños en bloques. El diseño de espiga (cuatro piezas en línea) es uno de los diseños en bloque menos costosos y más comunes de parqué. La combinación perpendicular de las tiras de madera enfatiza los diferentes tipos de vetas y variación natural de los colores.

Los pisos de parqué han experimentado una gran transformación con el paso de los años. Apenas hace un corto tiempo, las piezas eran cortadas una por una y luego ensambladas y pintadas en forma individual. En la actualidad estos pisos son prefabricados, y los maderos son unidos para crear diseños que se ofrecen como una sola pieza lista para instalar. Este cambio no sólo ha reducido el costo del material, también lo ha convertido en un trabajo fácil de elaborar.

Todos los tipos de parqué son instalados de la misma forma (colocados sobre un adhesivo sobre la superficie del subsuelo). Al final, el esfuerzo puede traer una gran satisfacción. El parqué puede usarse para crear formas y decoraciones imposibles de realizar con otro tipo de pisos.

## Herramientas y materiales ▸

| | |
|---|---|
| Cinta métrica | Rodillo para pisos de |
| Cuerda de tiza | 100 a 150 libras |
| Piso de parqué | de peso |
| Adhesivo | Sierra de vaivén |
| Palustre con muescas | Sierra circular |
| Espátula | Papel / Tijeras |
| Mazo de caucho | Separadores de ½" |

**Los pisos de parqué** son una forma de agregar profundidad y variedad de diseños a la decoración, y es una buena alternativa en lugares elegantes e informales.

# Cómo instalar un piso de parqué

**Marque el punto central de cada pared.** Trace líneas con la cuerda de tiza entre las marcas en las paredes opuestas para establecer las líneas de referencia. Utilice el método triangular 3-4-5 para comprobar que las líneas estén cuadradas (ver la página 93).

**Coloque una serie de piezas de ensayo** desde el punto central a lo largo de las líneas de referencia hacia las paredes adyacentes. Si tiene que cortar más de la mitad del tablero, ajuste las líneas a la mitad de la medida del ancho del tablero. Trace nuevas líneas si es necesario.

**Aplique suficiente adhesivo** con una espátula sobre el subsuelo para instalar el primer tablero. Esparza el pegamento creando una capa delgada con un palustre sostenido en un ángulo de 45°. Aplique el adhesivo hasta el borde de las líneas marcadas pero no las cubra.

**Coloque el primer tablero** sobre el adhesivo dejando dos de los lados a ras con las líneas marcadas. No deslice o gire el tablero cuando lo esté colocando en su posición. Este primer tablero debe ser colocado correctamente para mantener cuadrados el resto del piso.

(continúa)

**Aplique el suficiente adhesivo** para instalar los siguientes seis a ocho tableros. Espárzalo con un palustre con muescas.

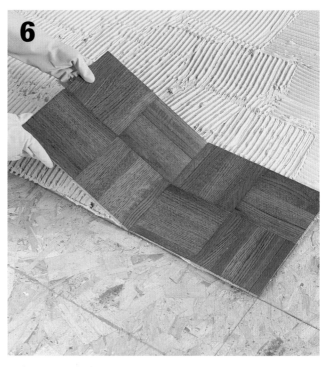

**Coloque el siguiente panel** en su lugar sosteniéndolo en un ángulo de 45° y ensamblando el sistema machihembrado con el primer tablero. Coloque la pieza sobre el adhesivo sin deslizarla. Instale el resto de tableros de la misma forma.

**Después de instalar de seis** a ocho paneles, golpéelos suavemente con un mazo de caucho para ajustarlos sobre el adhesivo.

**Para la última hilera,** coloque un tablero encima de la última hilera instalada. Coloque un tercer tablero por encima de éste con los lados recostados contra los separadores de ½" colocados a lo largo de la pared. Dibuje una línea a lo largo del borde de los terceros paneles y sobre la segunda hilera. Corte los paneles sobre las marcas e instálelos.

**Para trabajar alrededor de las esquinas** y obstáculos, alinee un tablero sobre el último instalado, luego coloque otra pieza por encima (ver el paso 8). Mantenga los tableros a ½" de distancia de la pared u obstáculo y haga un trazo a lo largo del borde opuesto sobre el segundo panel (arriba). Mueva los dos paneles superiores al lado del ensamble sin girar el panel superior. Haga una segunda marca sobre el panel de la misma forma (abajo). Corte la pieza con una sierra de vaivén e instálela.

**Dentro de las cuatro horas** siguientes después de haber instalado el piso, pase un rodillo de 100 a 150 libras de peso sobre la superficie. Espere al menos 24 horas antes de caminar otra vez sobre el piso.

# Cómo instalar piso de parqué en forma diagonal

**Establezca las líneas de trabajo** en forma perpendicular siguiendo el paso 1 en la página 109. Mida 5 pies a partir del punto central a lo largo de cada línea y haga una marca. Haga marcas con la cuerda de tiza entre las marcas de 5 pies. Marque el punto central de estas líneas, luego trace otra línea con la cuerda con tiza dentro de las marcas para crear una línea diagonal de referencia.

**Coloque una serie de tableros** de ensayo sobre la línea diagonal. Ajuste el punto de comienzo si es necesario. Instale las piezas a lo largo de la línea diagonal con el adhesivo siguiendo los pasos de las páginas 109 a 111. Haga plantillas con papel para las piezas que va a instalar a lo largo de las paredes y esquinas. Transfiera las medidas sobre las piezas y córtelas a la medida.

# Pisos flotantes de madera pre-laminada

Los pisos pre-laminados no sólo son atractivos, menos costosos, y una alternativa para los listones de madera, también son fáciles y rápidos de instalar. Las tiras pre-laminadas (o tableros, o paneles) son instaladas como un piso "flotante". Las unidades de ensamble en machihembrado (lengüeta y ranura) se ajustan mecánicamente pero no son adheridas a las paredes o subsuelo. No hay necesidad de clavado, y el material puede ser colocado sobre casi que cualquier superficie limpia y nivelada (como un subsuelo de contrachapado, de madera, de linóleo, vinilo, y aún concreto.

Aún cuando la gran mayoría de pisos pre-laminados son de ensamble rápido, algunos fabricantes requieren que las piezas se junten con adhesivos. El pegamento también se debe considerar cuando la humedad puede ser un problema. En tal caso, el proceso de instalación continúa al alcance de quienes no tienen mucha experiencia en estas labores. Si utiliza las herramientas adecuadas, estará en capacidad de llevar a cabo este trabajo en un solo fin de semana. Puede ahorrar aún más tiempo si utiliza el equipo especial de instalación ofrecido por los almacenes de distribución o centros especializados.

Los pisos pre-laminados requieren de una capa absorbente del ruido similar a la instalada en los pisos de alfombra. Puede conseguir una espuma delgada en rollos de 100 pies cuadrados e instalarlos como cualquier otra base para pisos (normalmente en tiras y uniendo los bordes con cinta). Los pisos pre-laminados de alta calidad por lo general vienen con una capa absorbente unida a la base de cada panel o tira. Esto simplifica la instalación y evita que el absorbente se arrugue o separe.

## Herramientas y materiales ▸

| | |
|---|---|
| Sierra circular | Aspiradora |
| Cincel | Navaja o tijeras |
| Material de subsuelo | Sierra de mesa |
| Mazo de caucho | Puntillas de acabado |
| Separadores | Martillo |
| Bloque para golpear | Caladora |
| Barra | Protección para ojos |
| Escuadra | Paño suave |
| Cinta métrica | Taladro |
| Cinta pegante | |

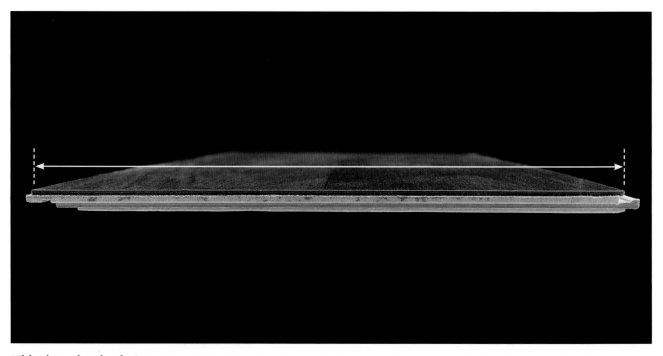

**Mida de un borde al otro** sobre la parte acabada de la pieza pre-laminada para determinar el ancho total. No incluya la lengüeta en la medida final.

# Cómo instalar un piso flotante

**Haga un esquema del diseño.** Por lo general necesitará cortar una hilera al ancho correcto para dejar el piso con la distancia necesaria para la expansión alrededor de las paredes. Mida el ancho del área de instalación y reste ½". Divida esa medida por el ancho de una pieza. Si el valor restante es más de la mitad del ancho de la pieza, corte las unidades para la primera hilera a esa medida. Si es menos de la mitad del ancho, súmelo al ancho de la pieza, luego divídalo por dos, y córtelas tanto en la primera como en la segunda hilera a esa medida.

**Desocupe por completo** el área de instalación. Aspire el piso y límpielo de cualquier mugre que pueda interferir en la labor. Una aspiradora es la mejor herramienta para este trabajo.

La cubierta de seguridad ha sido removida para mayor claridad

**Opción:** Instale una base si el producto que está instalando no tiene una base pre-instalada. Desenrolle el material de base desde la esquina inicial hasta la pared opuesta. Corte el material con tijeras o una navaja. Algunos fabricantes recomiendan traslapar las tiras de 2 a 3". De lo contrario una los bordes del material y péguelos con una cinta adhesiva transparente de 2 ó 3" de ancha. Extienda y aplane los rollos a medida que trabaja.

**Corte las lengüetas de las piezas** de la primera hilera. Si necesita cortar el ancho de las piezas para el instalado, puede hacerlo en este momento. Lea primero las instrucciones del fabricante; algunos recomiendan instalar las unidades con el lado de la ranura mirando hacia la pared.

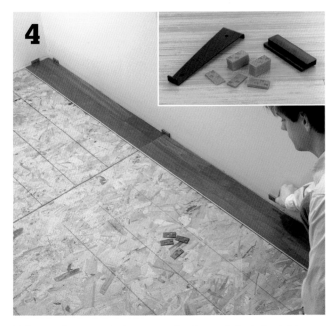

**Coloque los separadores contra** la pared alrededor del área del perímetro a instalar. Los separadores deben ser de ¼ a ½" de espesor. Si va a instalar el piso nuevo sobre una base de madera, puede clavar puntillas de acabado a ¼" de distancia de la pared para crear barreras. *Consejo: Compre un equipo de instalación (ver anexo) para hacer la instalación más fácil. Un equipo viene por lo general con una barra, un bloque para golpear y una selección de separadores.*

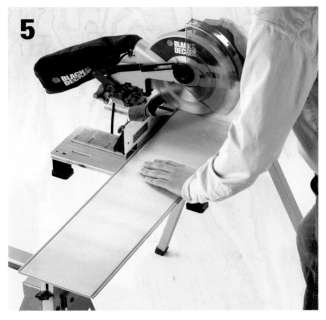

**Corte los tableros en longitudes** de ⅔ y ⅓ para comenzar la segunda y tercera hilera respectivamente. Instale las piezas de tal forma que el borde sin cortar (con el ensamble machihembrado intacto) va a acomodarse con la segunda pieza de la hilera. Alternar la longitud de las piezas en cada hilera permite que las uniones no queden alineadas a medida que ensambla cada hilera.

**Instale la primera pieza** (utilice un tablero completo) en la esquina más alejada de la instalación. Compruebe que los separadores están en su lugar dejando un espacio aproximado de ¼" en cada esquina de la pared. Coloque una pieza de ⅔ de largo al lado, y luego una de ⅓ a continuación. Esto formará un patrón repetitivo con ⅓ de longitud de diferencia al final de todas las piezas.

**Instale las primeras tres hileras** y luego repita la secuencia para instalar el resto del área. Marque el punto de corte de la última pieza en cada hilera colocándola boca abajo (con la lengüeta contra la pared) sobre la pieza anterior. Empújela hasta dejarla a ras con el separador contra la pared. Coloque la escuadra con el borde de la pieza inferior y trace la línea para el corte.

(continúa)

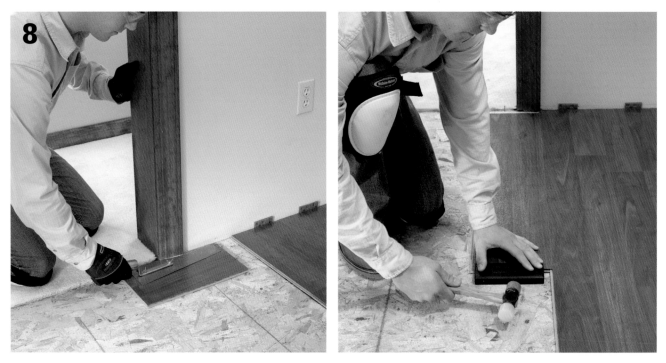

**Instalación alrededor de los umbrales.** Corte la parte inferior de los marcos de las puertas usando una sierra de vaivén para dar cabida a la superficie del piso (ver foto a la izquierda). Cuando llegue a las puertas durante la instalación, inserte la pieza que va quedar debajo del marco de la puerta dejando el borde final a ras contra la pared por debajo del marco (ver foto a la derecha).

**Para colocar la pieza final** ajustada de la hilera en su posición, incruste un extremo de la barra de palanca entre el separador y la parte saliente de la pieza. Golpee el lado opuesto de la barra con un mazo de caucho.

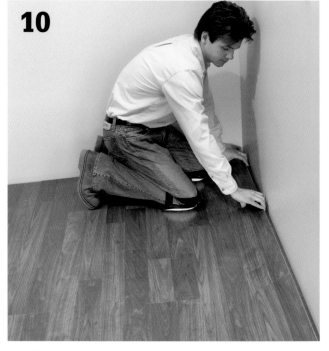

**Finalice la instalación de los tableros.** Corte las piezas a lo largo de la veta al ancho correcto, si es necesario (vea la página siguiente). Pruebe que las piezas encajan en la última hilera y haga los cortes de ajuste con una navaja. Instale la última pieza y luego quite los separadores. Trabaje alrededor de los obstáculos a medida que se presentan y adicione molduras de transición cuando lo necesite.

# Corte de piso laminado

**Corte las piezas en el sentido** de las vetas con una sierra circular o de mesa. Use un disco de carburo con dientes finos para cortar madera. Haga el corte sobre la parte trasera de la pieza y asegúrela con una abrazadera si usa una sierra circular. Corte sobre el lado a descartar. Use una regla derecha como guía (ver foto).

**Haga los cortes internos** con una sierra de vaivén. Si tiene experiencia en el uso de cortadoras eléctricas, puede hacer un corte de perforación con una sierra de cuchilla. Para estar más seguros, perfore un orificio inicial cerca de una de las esquinas y luego haga el corte.

# Cómo hacer marcas para cortes alrededor de obstáculos

**1**

Marque el borde exterior de la tubería

Esta marca indica el borde exterior derecho de la tubería

**2**

**3**

**Coloque el borde** de la pieza contra los separadores en la pared al lado del obstáculo. Use un lápiz para hacer dos marcas indicando los puntos donde el obstáculo comienza y termina.

**Después que la pieza** ha sido conectada con la hilera anterior, coloque el borde final contra el obstáculo. Haga dos marcas con un lápiz, esta vez al final de la pieza, para indicar dónde va a quedar el obstáculo a lo largo del ancho del tablero.

**Use una escuadra** para extender las cuatro líneas. El espacio donde se intersectan es la parte que necesita ser removida para dar cabida al obstáculo. Use un taladro con una broca Forstner (broca cilíndrica con dientes), o una sierra para abrir, del mismo diámetro del espacio donde se intersectan las líneas. Perfore el tablero sobre el punto X. Extienda el corte hacia los bordes con una sierra de vaivén.

# Pisos con tableros de vinilo

El vinilo ha sido utilizado por mucho tiempo como una alternativa para el linóleo y la baldosa en las cocinas y baños. La última versión de este tipo de material (tableros de vinilo para pisos), combina la apariencia de la madera con la fácil instalación, flexibilidad en el diseño y resistencia del material.

Este tipo de pisos puede ser instalado sobre casi que cualquier tipo de superficie en la medida en que se encuentre nivelada y libre de obstrucciones. El tiempo de instalación es apenas una fracción del requerido para otros materiales y sólo se requiere algo de experiencia para realizar un excelente trabajo.

La instalación se ha simplificado con la creación de los tableros de vinilo. El patrón del diseño de la superficie creado para imitar la apariencia de la veta de la madera se adhiere con flexibilidad sobre la base. Las dos capas están corridas creando una tira de agarre superior e inferior en los bordes opuestos del tablero. Después de instalarse con

las tiras de agarre correctamente ensambladas, el piso se convierte prácticamente en impermeable.

La superficie es también silenciosa, cálida y acogedora al caminar (lo cual lo convierte en una opción ideal para los baños en lugar de la cerámica común). Sin embargo, no tiene que limitarse debido a su naturaleza impermeable. Los tableros de vinilo para el piso darán un toque de belleza a todos los sitios donde se utilice al interior de la vivienda.

## Herramientas y materiales ▸

Nivelador para piso      Cinta métrica
Regla derecha            Aplicador
Navaja                   Escuadra
Rodillo para el piso

**Los tableros de vinilo para pisos** son una opción relativamente nueva que combina la apariencia de las vetas de madera con la resistencia a la humedad del piso elástico.

# Instalación de tableros de vinilo

**Las tiras de agarre** unidas a los tableros de vinilo están cubiertas con un material adhesivo que se activa a medida que el producto se calienta. Si está instalando este piso sobre una superficie fría, se recomienda calentar las uniones con una pistola de calor, o con un secador para cabello, y luego presionarlos con un rodillo "J" inmediatamente después que las forme. Esto ayuda a activar el adhesivo y a crear uniones más fuertes entre los tableros.

**Almacene los tableros** al interior de las cajas en la habitación donde los va a instalar (al menos a 65° F —18° C.) de 24 a 48 horas antes de iniciar el trabajo. Para que el piso se aclimate correctamente, la temperatura del área de instalación y las condiciones anticipadas deben ser las mismas después que el material haya sido instalado.

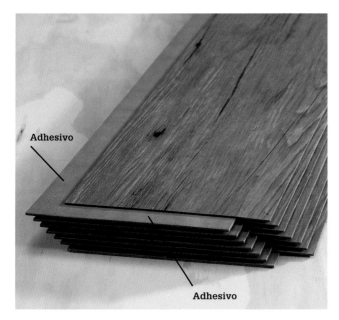

**El tablero de vinilo** para el piso es compuesto de dos placas con una tira de adhesivo que se traslapa en las áreas donde se encuentran los tableros. Tanto la parte inferior de la placa superior y la parte superior de la placa inferior son tratadas con adhesivo que forma una unión casi impermeable poco tiempo después de hacer ajustes.

**Aplique un auto-nivelador** para la base del piso para llenar cualquier vacío creado sobre la superficie a cubrir. Cualquier vacío dejado se reflejará a través del vinilo debido a que el material es muy delgado. Los niveladores varían según el fabricante y debe leer las instrucciones del producto deseado para asegurarse que es el adecuado para el trabajo. También compruebe que tiene todas las herramientas necesarias. El producto aquí instalado es formulado especialmente para pegarse a los pisos y requiere de una base comprada por separado.

# Cómo instalar un piso con tablero de vinilo

**Mida el largo y ancho del área** de trabajo para determinar el tamaño en pies cuadrados. Mida por separado los huecos y topes. Adicione un 10% de material cuando lo compre. Compruebe que el área está cuadrada midiendo el largo en diferentes puntos a lo largo de dos paredes.

**Aplique el nivelador para pisos** (vea la página 119) para llenar las rajaduras grandes, las uniones profundas de masilla, agujeros, o otras irregularidades de la base antes de instalar los tableros. Utilice el nivelador apropiado de acuerdo a la superficie de instalación.

**Comenzado a lo largo de la pared** más larga, coloque la primera hilera de tableros sin conectarlos. Marque la última pieza para cortarla colocándola al revés y boca abajo sobre la pieza anterior en la hilera. La tira de unión debe quedar en el lado alejado de la pared. Marque la pieza por detrás y córtela con una navaja y una regla derecha.

**Comience a instalar las piezas** utilizando separadores de ⅛" para mantener el espacio uniforme entre la hilera y la pared. Coloque las placas dejando la tira de unión inferior en el lado opuesto del borde de la pared. Corte la tira superior del lado de la pared antes de instalar los tableros.

**5**

**Una las placas en fila** pasando un rodillo sobre la parte superior de la tira de unión de la nueva pieza en un ángulo de 45° sobre la tira de unión de la placa anterior. Trabaje despacio y con cuidado asegurándose que las uniones de las piezas queden bien selladas.

**6**

**Corte las piezas lo necesario** marcando la parte superior de las mismas y usando una navaja con una nueva cuchilla. Separe la sección a descartar.

**7**

**Intercale las piezas.** Comience la segunda hilera cortando una pieza a ⅔ de la longitud de la primera pieza colocada en la hilera inicial. Comience la tercera hilera con una pieza ⅓ de larga. Mantenga este patrón en las hileras sucesivas.

**8**

**Pase el rodillo sobre las uniones.** Apenas termine de instalar el piso, utilice un rodillo pesado para rodarlo sobre las uniones entre las piezas. El piso quedará listo para caminar apenas termine de pasar el rodillo.

# Pisos de linóleo

Al igual que las tiras de linóleo, las placas (o tableros, o baldosas) son un material natural para pisos fabricados con elementos reciclados como el aceite de linaza, resina de pino, y otros aditivos orgánicos. Todos estos ingredientes convierten el linóleo en un material beneficioso para el medio ambiente con ningún o muy poco impacto en la calidad del aire al interior de la vivienda. También es anti-estático y tiene propiedades anti-microbiológicas que evitan el crecimiento de gérmenes o micro-organismos dañinos.

Aún cuando el linóleo todavía es ofrecido en tiras, la forma más fácil de instalarlo es por medio de paneles de rápido ensamble, como el Marmoleum aquí presentado (ver Recursos en la página 266). Estos paneles están compuestos de una superficie de linóleo unida con una sustancia resistente a la humedad (tablero de fibra de alta densidad). La capa de corcho también adiciona comodidad al caminar así como mayor control del ruido. El piso se consigue en tableros de 12 pulgadas cuadradas y paneles de 12 por 36 pulgadas.

Estos tamaños (así como la gran diversidad de colores disponibles), le ofrecen una gran flexibilidad al diseñar el piso que se combine perfectamente con su decoración. Aún cuando su capacidad de controlar la humedad lo hace un material ideal para instalar en cocinas y baños, los colores llamativos, acabados atractivos, y la comodidad al caminar, lo convierten también en una buena solución para casi que cualquier habitación. Las tiras y paneles pueden combinarse para crear un diseño más complejo y exclusivo de formas y colores, o puede usarlos por separado para crear un piso con un impacto visual.

Sin importar qué tipo de color o diseño escoge, instalar un piso de linóleo de rápido ensamble es una tarea fácil de realizar. Los paneles pueden instalarse sobre cualquier superficie limpia, seca, con una estructura contra el ruido bien definida con no más de $\frac{3}{32}$ de pulgada de variación por cada seis pies de superficie. Los paneles se unen fácilmente de hilera a hilera, y ya que no requiere de adhesivos, puede caminar sobre la superficie apenas termine con el trabajo.

## Herramientas y materiales ▸

| | | | |
|---|---|---|---|
| Sierra circular, de vaivén o manual | Protección para ojos y oídos | Tableros de linóleo de rápido ensamble | Trozo de madero de 2 × 4 |
| Abrazaderas | Separadores de ⅜" | Adhesivo | Cinta métrica |
| | Escuadra / Estacas | | |

**Los tableros con superficie** de linóleo de ensamble rápido permiten la fácil creación de patrones en el piso. Puede escoger dos colores para alternarlos, o varios colores preferiblemente en la misma familia de tonos.

**Desde el punto de vista visual,** este piso presenta una superficie de linóleo acogedora y natural. Así como las tiras de linóleo normalmente requieren de una instalación profesional, los tableros de rápido ensamble usados en este ejemplo son tan fáciles de colocar como los pisos laminados diseñados para ser instalados por consumidores sin mucha experiencia.

# Instalación de tableros o tiras de linóleo

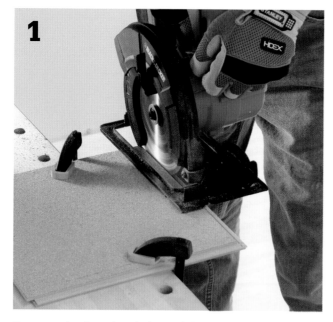

**Prepare el subsuelo y la base del piso.** Compruebe que la superficie está completamente limpia y sin protuberancias. Saque los paneles del empaque y revise cada pieza. Seleccione el primer tablero a instalar y colóquelo en la hilera inicial. Corte la lengüeta que va a quedar contra la pared. El sitio de trabajo debe estar bien asegurado con abrazaderas. Utilice una sierra circular, de vaivén o manual para cortar las lengüetas.

**Coloque la primera pieza** en la esquina sobre la pared más larga (preferiblemente al lado opuesto de la ventana más grande de la habitación). Coloque los lados de las lengüetas removidas contra las paredes Use separadores de ⅜" para mantener constante el espacio de expansión entre las paredes y los paneles.

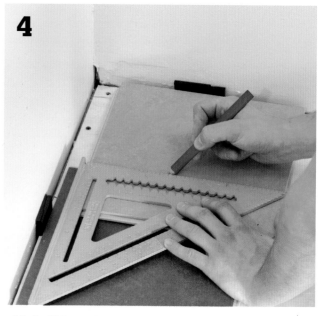

**Coloque la lengüeta de la segunda pieza** al interior de la ranura de la primera con la punta levantada unos 30°. Baje el tablero para ajustarlo sobre la pieza anterior. Continúe instalando el resto de la hilera de esta forma manteniendo los separadores separados en cada panel y contra la pared.

**Mida la última pieza de la hilera.** Colóquela sobre el panel anterior en forma ajustada contra la esquina. Haga la marca sobre la superficie (sobre el linóleo) y con la ranura mirando hacia la pared. Esto asegura que la lengüeta del último panel encaja con la ranura del panel anterior. Ensamble la pieza en su lugar.

**5**

**Comience la segunda hilera.** Coloque el borde con la lengüeta al interior de la ranura de la hilera anterior. Introduzca una estaca por debajo de la pieza. Conecte la siguiente pieza a la primera, introdúzcala en la ranura, y luego incruste la estaca por debajo de la misma.

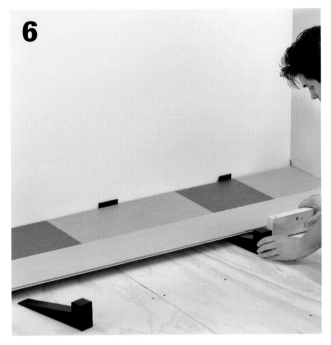

**6**

**Continúe la segunda hilera** de paneles o tableros entre sí hasta completar la hilera. Use un trozo de madero de 2 × 4 para golpear con cuidado los bordes de la segunda hilera para conectarlos por completo contra los ensambles de la primera. Baje la segunda hilera para conectarlos juntos.

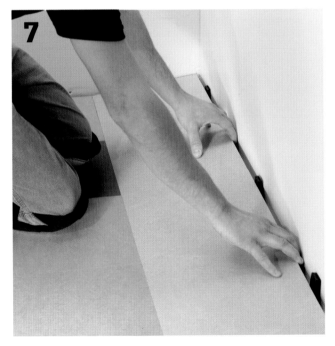

**7**

**Instale las hileras restantes** de la misma forma. Cambie la medida 12" en la primera pieza de cada hilera (si está instalando paneles en tiras). Mida, marque y corte las piezas de la última hilera con una sierra circular. Haga los cortes sobre las caras de las piezas para evitar astillarlas. La última hilera se instala al igual que las anteriores.

## Marcos de las puertas ▸

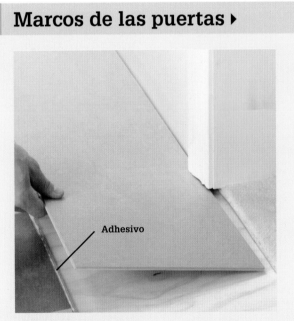

Adhesivo

**Cuando instale paneles** por debajo de marcos de puertas u otras obstrucciones, remueva la cresta de ensamble del lado de la ránura de la hilera anterior. Aplique una capa de adhesivo a lo largo de la ranura modificada. Coloque la última pieza en su lugar por debajo de la obstrucción y muévala hacia atrás para unirla con el pegamento.

# Pisos con tableros elásticos

Al igual que con otro tipo de instalación de pisos, los tableros elásticos requieren de la creación de marcas y líneas como guías para realizar un buen trabajo. Antes de iniciar este tipo de labores, haga una inspección cuidadosa para identificar posibles problemas.

Tenga en cuenta la diferencia entre marcas (líneas) de referencia (ver la página opuesta) y las líneas de instalación. Las líneas de referencia indican el centro de la habitación y la divide en cuadrantes. Si las piezas no se ubican en forma simétrica a lo largo de las líneas, necesitará ajustarlas un poco para crear líneas de instalación. Una vez establecidas, instalar las piezas es una labor fácil. Siempre debe dejar las uniones bien ajustadas y acomodar las piezas en forma cuadrada.

Las piezas con un patrón de superficie bien definido pueden instalarse de tal forma que la veta de cada unidad se orienta en la misma dirección a lo largo de la instalación. También puede usar el método de giro en cuartos donde cada pieza tiene el patrón en dirección perpendicular a la pieza adyacente. Sin importar el método que escoja, mantenga la consistencia a lo largo del proyecto.

## Herramientas y materiales ▶

Cinta métrica
Cuerda de tiza
Escuadra / Navaja
Palustre con muesca de $\frac{1}{16}$"
Pistola de calor

Piso elástico
Adhesivo para pisos (para la última pieza)
Separadores de $\frac{1}{8}$"
Material para marcos (si es necesario)

**Los pisos elásticos están fabricados** con una superficie adherida a una base de vinilo que es cubierta con una capa transparente. Algunas variedades vienen con adhesivo pre-instalado cubierto con una tira de papel de protección. Otras tienen bases secas diseñadas para instalarse con adhesivo.

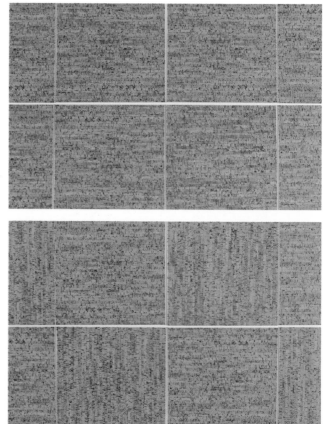

**Analice con cuidado los patrones** del diseño, como el granulado de la superficie. Puede instalar las piezas en un patrón direccional para que el diseño se despliegue en la misma dirección (ver arriba), o en forma cuadriculada usando el método de giro de cuarto (ver abajo).

# Cómo dibujar líneas de referencia para instalar las piezas

**Ubique la línea de referencia** (X) midiendo a lo largo de los lados opuestos del área de instalación y luego marcando el centro de cada lado. Trace una línea con la cuerda con tiza entre esas marcas.

**Mida y marque el punto central** de la línea con tiza. A partir de ese punto, use la escuadra para establecer la segunda línea de referencia perpendicular a la primera. Trace la segunda línea (Y) a lo largo de la habitación.

**Compruebe que las líneas de referencia** estén cuadradas usando el método de triangulación 3-4-5. Mida a lo largo de la línea de referencia X y haga una marca a 3 pies desde el punto central. Mida a partir del punto central sobre la línea de referencia Y y haga una marca a 4 pies de distancia.

**Mida la distancia entre las marcas.** Si las líneas de referencia están perpendiculares, la distancia medirá exactamente 5 pies. De lo contrario, ajuste las líneas de referencia hasta dejarlas perpendiculares entre unas y otras.

# Cómo instalar tableros de piso elástico con base seca

**Marque líneas de referencia** perpendiculares con una cuerda de tiza (ver la página anterior). Coloque las piezas a lo largo de la línea Y dejando la unión sobre la línea de referencia X. Si es necesario, mueva las piezas para dejarlas simétricas o para reducir la cantidad de piezas a cortar.

**Si cambia la posición de las piezas,** establezca una nueva línea de referencia paralela a la línea X y pasa sobre la unión de las piezas cerca de la línea X. La nueva línea, X1, será la que verá al instalar las piezas. Utilice un color diferente de tiza para diferenciar las líneas.

**Coloque las piezas** a lo largo de la nueva línea, X1. Ajuste la línea de instalación como es visto en los pasos 1 y 2.

**Si ajusta la distribución** a lo largo de X1, mida y establezca una nueva línea de instalación, Y1, paralela a la línea Y, y corre sobre la pieza de unión. La línea Y1 formará la segunda línea de distribución que usará durante la instalación.

**5**

**Aplique adhesivo alrededor** de las líneas de intersección e instalación usando un palustre con muescas en forma de V de ⅟₁₆". Sostenga el palustre en un ángulo de 45° y esparza el adhesivo en forma pareja sobre la superficie.

**6**

**Esparza el adhesivo sobre** la mayoría del área de instalación cubriendo tres cuadrantes. Deje secar el adhesivo siguiendo las instrucciones del fabricante y luego inicie la instalación de las piezas en el punto de intersección de las líneas de distribución. Puede arrodillarse sobre las piezas instaladas para colocar las siguientes.

**7**

**Cuando los tres primeros cuadrantes** estén instalados por completo, esparza el adhesivo sobre los cuadrantes restantes y termine la instalación.

**8**

**Para cortar las piezas** a lo largo de las paredes, coloque la pieza a cortar (A) con la cara hacia arriba sobre la última pieza completa instalada. Coloque un separador de ⅛" contra la pared, y luego coloque una pieza para marcar (B) sobre la que va a cortar. Haga una marca a lo largo del borde para señalar el corte.

(continúa)

## Esquinas exteriores ▸

**Para cortar las piezas** alrededor de las esquinas exteriores, haga una plantilla con un cartón del espacio a cubrir manteniendo un espacio de ⅛" en las paredes. Después de cortar la plantilla, compruebe que tiene el tamaño correcto. Colóquela sobre la pieza y trace el corte.

**9**

**Corte la pieza del tamaño exacto** con una cortadora para baldosa para hacer cortes derechos. Puede usar una regla y una navaja.

**10**

**Instale las piezas cortadas** a lo largo de la pared. Si va a cortar todas las piezas antes de instalarlas, mida la distancia entre la pared y coloque piezas en varios sitios en caso de que cambie la distancia.

**11**

**Revise todo el piso por completo.** Si encuentra piezas sueltas, presiónelas para que se junten con el adhesivo por debajo. Instale las barras de umbrales de metal en los sitios donde hay transiciones de una clase de piso a otra.

# Cómo instalar tableros de piso elástico autoadhesivo

**Después de establecer las líneas** de referencia, quite la cubierta de papel de la base de una pieza e instálela en una de las esquinas formadas por las intersecciones de las líneas. Coloque tres o más piezas a lo largo de cada línea en el cuadrante.

**Presione en forma pareja** toda la superficie de cada pieza para pegar por completo el adhesivo al subsuelo. Comience la instalación al interior del cuadrante y mantenga las uniones bien ajustadas entre todas las piezas.

**Termine de instalar todas las piezas** en el primer cuadrante, luego instale las del cuadrante adyacente. Coloque las piezas a lo largo de las líneas de instalación, luego llene el espacio interior.

**Siga instalando las piezas** en los cuadrantes restantes hasta dejar el área cubierta por completo. Revise todo el piso. Si encuentra piezas sueltas, presiónelas para que se adhieran al pegamento por debajo. Instale las barras de umbrales de metal en los sitios donde hay transiciones de una clase de piso a otra.

# Pisos con tableros de material de corcho

Los pisos con material de corcho brindan una variedad de beneficios: controlan el ruido, aíslan las superficies, y proveen una apariencia visual agradable como ningún otro material. El corcho es un material renovable —la corteza del árbol— y puede ser cosechado una vez cada década sin necesidad de cortar el árbol.

Las piezas de corcho natural hacen parte de muchos muebles y decoraciones, y pueden encontrarse en cantidad de tonos, desde amarillentos hasta marrones oscuros. Si el material es dejado con su color o tintura natural, ofrece una serie de vetas fuertes y con diseños extraordinarios. Cada pieza es diferente, y por lo tanto no existirán dos pisos iguales.

Las piezas pueden parecer frágiles, pero su fortaleza es creada según la base donde se instale. Una vez el piso de corcho es instalado y sellado correctamente, puede soportar el uso normal en una vivienda igual que cualquier otro material.

## Herramientas y materiales ▶

| | | | |
|---|---|---|---|
| Cinta métrica | Palustre con | Lijadora | Regla |
| Cuerda de tiza | muescas | Rodillo para pintura y bandeja | Protección para ojos |
| Navaja | Mazo de caucho | Adhesivo para pisos | Papel |
| Piso de corcho | Sellador para | recomendado | Aspiradora |
| Trozo de madero | las uniones | Nivel | Rodillo para el piso |

## Consejos para una buena instalación ▶

Antes de iniciar la instalación de un piso con material de corcho, sáquelo del empaque y déjelo en el lugar donde va a ser instalado. Esto permite que el material se ajuste a la temperatura y humedad de la habitación. Los fabricantes recomiendan aclimatar el corcho por un período de al menos 72 horas.

**El corcho es un material** renovable. Su superficie es muy confortable al caminar y puede controlar el ruido. Está disponible en una gran variedad de colores y diseños, y posee una admirable textura natural.

# Cómo instalar piezas de corcho

**Si va a instalar corcho** sobre una superficie de contrachapado, u otro material similar, debe limpiar y secar el área por completo. El espacio no debe tener más de ⅛" de desnivel en un área de 10 pies. Llene todos los vacíos y lije todas las protuberancias.

**Mida los bordes exteriores** del área a instalar. Trace líneas de tiza a lo largo del centro. Coloque una hilera de piezas a partir del centro en dirección de las paredes.

**Si la última hilera** a instalar tiene menos de ¼ de ancho del tamaño de una pieza, ajuste el punto central para balancear la instalación de los tableros.

**Aplique el adhesivo** recomendado siguiendo el método sugerido por el fabricante. Algunos adhesivos se deben aplicar con rodillos, y otros con palustres con muescas. Aplique sólo la cantidad indicada según el tiempo disponible para la instalación.

**El adhesivo para el corcho** necesita sentarse de 20 a 30 minutos antes de iniciar la instalación de los tableros. Después, el tiempo de trabajo es de aproximadamente una hora. Confirme el tiempo de sentado especificado por el fabricante.

**Inicie el trabajo en la** intersección de las dos líneas de guía. Coloque la primera pieza en su lugar. Compruebe que el adhesivo esté funcionando correctamente (uniendo con firmeza). Siga instalando las piezas alrededor de las líneas del primer cuadrante.

(continúa)

**Complete el primer cuadrante,** una pieza a la vez, trabajando desde la hilera instalada al lado de las líneas guía. Los colores y patrones del diseño de las piezas varían. Use esto en su beneficio mezclando lotes del material para una mayor variedad.

**Para colocar cada pieza en su lugar,** sostenga un trozo de madero sobre el borde y golpéelo con suavidad con un mazo de caucho. Si la humedad es alta durante la instalación, deje las piezas bien ajustadas para que no se separen durante los tiempos secos.

**A medida que completa cada hilera,** compruebe que todos los bordes estén derechos. Si alguna hilera se ha movido de su lugar, quite todas las piezas necesarias para corregir el error y comience de nuevo. No es agradable hacer este tipo de correcciones, pero será más difícil, si no imposible, hacerlo después.

**Para instalar una pieza alrededor** de algún objeto, como una tubería o desagüe, corte un papel al tamaño de la pieza. Colóquelo en el lugar y haga los ajustes hasta que quede correctamente ubicado. Coloque el papel sobre una pieza y úselo como guía de corte. Use una navaja para cortar la pieza.

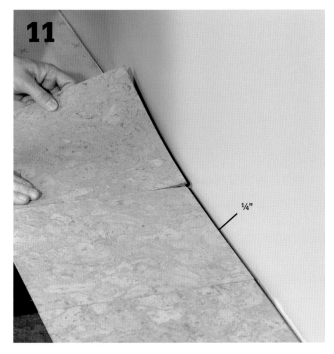

**11**

**Al igual que otros materiales naturales,** el corcho se expandirá y encogerá con los cambios de temperatura y humedad. Para controlar estas transformaciones, deje un espacio de ¼ de pulgada entre el piso terminado y las paredes, umbrales, tuberías y cualquier otra superficie vertical.

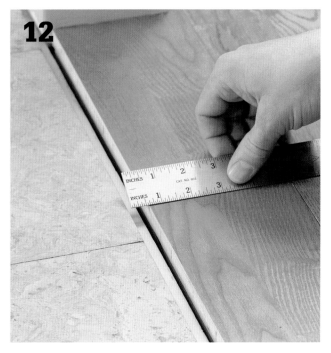

**12**

**Si el piso de corcho mide más** de 30 pies en cualquier dirección, instale una unión de expansión de ⅝" de ancho —ya sea sobre la superficie, o donde el corcho se encuentra con otro material para pisos—. Esto permite que el corcho flexione con los cambios de temperatura.

**13**

**Después que las piezas** estén en su lugar, aspire toda la superficie para quitar el polvo. Utilice un rodillo para pisos de 100 libras de peso y páselo varias veces por todos lados en diferentes direcciones para presionar cada pieza a la base en forma segura. Deje descansar el piso toda la noche y pase el rodillo una vez más.

**14**

**Después de pasar el rodillo,** limpie el piso otra vez y luego aplique el sellador recomendado. El más común es un poliuretano a base de agua. El sellador debe cubrir todas las uniones para prevenir que la humedad penetre y arruine el piso. Deje secar y curar el sellador otras 24 horas antes de usar el piso. Instale las molduras, marcos y otras piezas de acabado.

# Pisos con material de caucho reciclado

Esta clase de piso se encuentra en todos lados: en edificios comerciales, en oficinas, y hasta en pistas de patinaje. A pesar de su popularidad, quizás no lo pueda reconocer. Algunas veces es de color negro sólido, pero a menudo tiene uno o dos colores mezclados en pequeños fragmentos. Es fabricado de caucho de llantas reciclado (o neumáticos), y en la actualidad está siendo instalado en muchos hogares.

Cuando se instala en los sótanos, absorbe la fría temperatura del piso de concreto convirtiendo las áreas de lavandería y salones de trabajo en sitios más placenteros. Es ideal para las entradas secundarias en viviendas donde puede soportar condiciones extremas de uso. No es muy efectivo en lugares como la cocina debido a su naturaleza porosa. El caucho reciclado tiende a tener este tipo de estructura y por lo tanto puede absorber grasas y aceites y crear una superficie resbalosa y acumular malos olores.

Si desea un piso que resista los cambios de clima, soporte el uso pesado y ayude a mantener la basura alejada de los campos, el caucho reciclado es una buena solución.

## Herramientas y materiales ▸

| | |
|---|---|
| Adhesivo | Palustre con muescas |
| Papel de envoltura para plantillas | Cinta para enmascarar |
| Escuadra | Rodillo pesado para el piso |
| Cuerda de tiza | Nivel |
| Elementos para la limpieza | Nivelador para el piso |
| Navaja / Estacas | Lijadora eléctrica |
| Palustre con borde plano | Piso de caucho |
| Lápiz o marcador | Rodillo de mano |
| Cinta métrica | Pesas |
| Solventes minerales | Piezas de enmarcado |
| Rodillo de mano | Protección para los ojos |

**Los pisos hechos con material** de caucho reciclado son una gran solución para muchas áreas al interior de una vivienda. Es ideal para los cuartos de lavandería, sitios de trabajo o talleres. El material es durable y confortable, y además ayuda a mantener la basura alejada de los campos.

# Cómo instalar pisos de caucho reciclado

**Si va a instalar pisos** de caucho reciclado sobre una superficie de contrachapado, u otro material similar, el espacio no debe tener más de ⅛" de desnivel en un área de 10 pies. Llene todos los vacíos.

**Lije todas las protuberancias.** El subsuelo debe estar limpio, suave y asegurado correctamente a la base. Siga las instrucciones del fabricante para estar seguro que el adhesivo utilizado se combina con las características del subsuelo.

**Para permitir la expansión** y contracción debido a los cambios de temperatura, deje ¼" de espacio entre el piso terminado y las paredes, los umbrales, las tuberías, y otros obstáculos verticales.

**Mida el largo y ancho del área a cubrir.** Establezca el centro en cada dirección y trace una línea con la cuerda de tiza a lo largo de la habitación. La intersección de las líneas es el punto medio del espacio a cubrir. Compruebe que las líneas estén cuadradas con el método 3-4-5.

**Coloque una serie de piezas** como ensayo en cada dirección hasta alcanzar las cuatro paredes. Si la última pieza debe ser cortada más angosta que ¼ de pulgada del ancho total de la unidad, ajuste el punto central de instalación y ensaye con las piezas de nuevo.

(continúa)

**Comenzando en una esquina** de la intersección central, aplique el adhesivo recomendado por el fabricante y espárzalo con un palustre con muescas. Deje secar el pegamento según el tiempo sugerido, por lo general 30 minutos a una temperatura de 70°F (21° C.) y con una humedad relativa del 50%.

**Instale la primera pieza** en el punto de intersección de las líneas de instalación. Mueva la pieza lentamente y gírela un poco mientras que la presiona para sacar las burbujas atrapadas, pero no trate de expandir o comprimir la unidad. Compruebe que los bordes queden alineados con las marcas de guía.

**Instale el primer cuadrante.** Trabajando en una dirección a la vez, continúe colocando las piezas y el adhesivo. Pare cada 30 minutos para pasar el rodillo sobre la superficie para sacar las burbujas que hayan quedado atrapadas y para maximizar el contacto entre las piezas y el adhesivo.

**Siga instalando una pieza a la vez,** comprobando que queden cuadradas en la posición correcta y presiónelas con el rodillo en intervalos regulares. Si el adhesivo se pasa a la superficie, límpielo rápidamente con disolventes minerales.

**En los sitios con obstáculos,** o en los marcos de puertas, coloque una pieza cara arriba en el lugar. Recuéstela contra el obstáculo y marque el punto donde se encuentran. Mueva la pieza para marcar el otro punto de corte. Voltéela, extienda las marcas con una escuadra, y corte la esquina con una navaja.

**Para instalar una pieza alrededor** de un objeto, como una tubería o un desagüe, corte un papel al tamaño de la pieza. Coloque la plantilla en ese lugar y ajústelo lo necesario hasta que quepa correctamente alrededor del objeto. Luego coloque la plantilla sobre la pieza y utilícela como guía para hacer el corte.

**Trabaje desde el centro hacia afuera** en cada cuadrante. A medida que completa cada hilera revise que los bordes de las piezas estén cuadrados. Pase un rodillo manual sobre las uniones al terminar cada hilera. Si encuentra espacios entre las uniones, júntelas con cinta para enmascarar y coloque peso por encima.

**Instale todas las molduras,** como las bases de pisos, umbrales, cubiertas o piezas de transición entre diferentes superficies.

# Pisos de cerámica, piedra y vidrio

Los pisos con superficies sólidas están construidos con una gran variedad de materiales. Entre ellos se resaltan las piezas de arcilla, cerámica, piedra de cantera y vidrio. Aún cuando existen obvias diferencias entre estos tipos de pisos, todos son instalados con argamasa a base de cemento, o con resina epóxica como adhesivo, y con masilla para llenar los espacios entre las piezas o baldosas.

Para garantizar una vida larga en estos productos, necesitará hacer la instalación sobre una superficie suave, estable, con estructura sólida, y una base nivelada (ver la página 58). El subsuelo del área de trabajo también debe estar en sólidas condiciones. Una placa de cemento, o una capa delgada de fibra de cemento, es la mejor base para los pisos de cerámica en las cocinas y baños debido a su excelente estabilidad y resistencia contra la humedad. Las placas de cemento son fabricadas exclusivamente para las instalaciones de cerámica y también servirá para cualquier otro tipo de baldosa.

Cuando la humedad no es un factor importante a considerar, puede utilizar el contrachapado para uso exterior.

Este material es menos costoso que la placa de cemento. Otra alternativa es utilizar la membrana aislante, usada para proteger baldosas de cerámica, piedra y vidrio de los movimientos del subsuelo (en especial cuando se producen grietas en el concreto). La membrana sólo puede usarse para cubrir ciertas grietas o toda la superficie.

Las diferentes superficies presentan variedad de cubiertas o capas. Por tal razón, deberá considerar la forma de proteger las superficies porosas en su estado natural, y otras como el mármol, que necesita mantenimiento regular para una mejor apariencia. Selle las uniones entre las baldosas para evitar que se manchen o ensucien.

Si va ha instalar molduras con este material, determine su colocación en el momento de hacer el diseño. Algunas variedades de molduras para la base descansan sobre el piso con el borde de acabado a ras con el resto de la superficie. Otros tipos se instalan por encima del material del piso después que las baldosas han sido instaladas y enmasilladas.

**Instalar un piso de baldosa** es un buen proyecto para llevar a cabo. Puede establecer sus propias pautas de trabajo y los resultados finales son muy satisfactorios.

# Herramientas y materiales

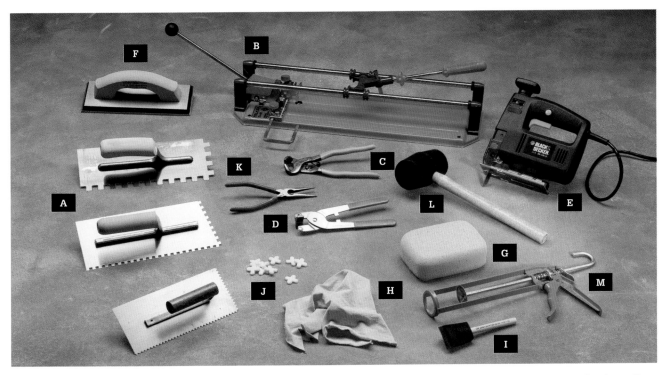

**Entre las herramientas para instalar baldosas se incluyen:** Utensilios para esparcir los adhesivos, para cortar, y para aplicar la masilla. Los palustres con muescas (A) para esparcir mezclas vienen con muescas de diferentes tamaños y formas. El tamaño de la muesca debe ser proporcional al de la baldosa. Las herramientas para cortar incluyen un cortador para baldosa (B), pinzas para baldosa (C), cortador manual (D), y una sierra de vaivén con cuchilla de carbono (E). Los utensilios para aplicar la masilla incluyen una llana (F), esponja (G), un paño para pulir (H), y una brocha de espuma (I) para aplicar sellador de masilla. Otras herramientas incluyen los separadores (J) disponibles en diferentes tamaños para crear uniones de varios anchos; las pinzas de punta (K) para remover los separadores, un mazo de caucho (L) para sentar las baldosas, y una pistola para silicona (M).

**Entre los materiales se incluyen** adhesivos, masillas y selladores. El cemento delgado (A) es el adhesivo más común para la baldosa de pisos, y a menudo es fortificado con aditivos de cemento con látex (B). El aditivo de masilla (C) puede agregarse a la masilla del piso (D) para hacerla más resistente y durable. La masilla llena los espacios entre las piezas de baldosa y está disponible en variedad de colores para empatar el tono de las baldosas. La pasta de silicona (K) debe ser utilizada en reemplazo de la masilla donde las baldosas se unen con otras superficies (como en una tina de baño). Utilice el adhesivo para la baldosa de pared (F) para instalar la baldosa de base. El sellador de la masilla (G) y el sellador de superficies porosas (H) protegen la superficie de manchas y facilita su limpieza. (Foto anexa): Las molduras y los materiales de acabado incluyen las molduras de base (A), las baldosas de borde (B) y los umbrales de las puertas (C). Estos vienen en diferentes espesores que varían entre ¼ a ¾" para empatar los diferentes niveles de pisos.

# Cómo hacer cortes derechos

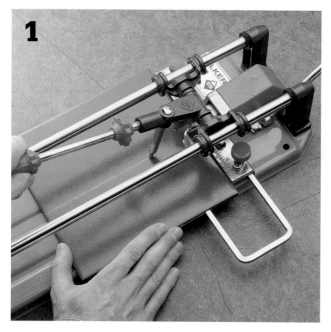

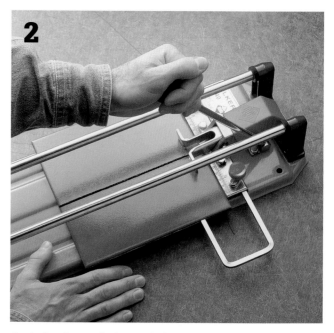

**Para hacer cortes derechos**, trace la marca de corte sobre la baldosa con un lápiz. Coloque la pieza sobre el cortador dejando la rueda de corte exactamente sobre la línea marcada. Presione con firmeza la palanca de corte y pase el cortador a lo largo de toda la superficie. Sólo pase la cuchilla una vez para lograr mejores resultados.

**Corte la pieza a lo largo de la marca** usando la herramienta sugerida por el fabricante. El corte final se logra por lo general levantando la presión de la palanca del cortador.

# Cómo hacer cortes en curva

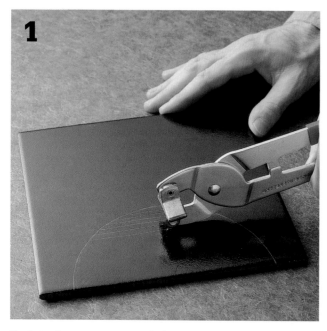

**Para cortar curvas** marque la línea de corte sobre la superficie de la baldosa. Utilice la rueda de corte del cortador manual para trazar el corte. Haga varios cortes paralelos separados a no más de ¼" en el lado de la baldosa que va a descartar.

**Utilice unas pinzas para baldosa** para ir cortando las porciones marcadas sobre la baldosa. Para cortar huecos circulares en medio de la pieza, haga los cortes en el centro para dividir el hueco en dos. Luego quite los pedazos a descartar en ambos lados del círculo.

# Otras herramientas para hacer cortes

**Las sierras para cortar baldosas**, también llamadas "sierras de agua" porque utilizan agua para enfriar las baldosas y discos, son usadas para cortar baldosas de piedra natural. También se utilizan para cortes de muescas en cualquier material sólido para pisos. Puede alquilarlas en centros de distribución de materiales o de alquiler de herramientas.

**Utilice una sierra de vaivén** con cuchilla de carbono para hacer cortes pequeños sobre la baldosa.

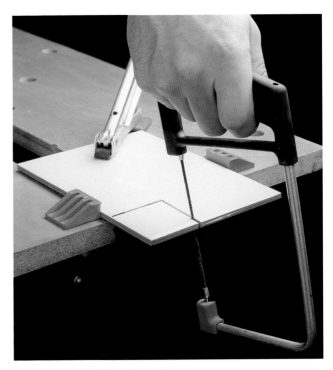

**Alquilar una sierra de agua** es una buena solución para cortar muescas cuadradas sobre la baldosa.

**Instale una cuchilla de carbono** en una sierra manual para hacer cortes delicados sobre la baldosa.

# Instalación de pisos en baldosa de cerámica

La instalación de la baldosa de cerámica comienza con los mismos pasos de preparación al instalar pisos elásticos. Marque las líneas perpendiculares de referencia y ensaye con las piezas para establecer la mejor colocación.

Haga la instalación en secciones pequeñas para evitar que la mezcla de cemento se seque antes de colocar las piezas. Use separadores para mantener un espacio constante. Haga una instalación en secuencia para no arrodillarse sobre las piezas recién colocadas. No camine o arrodille sobre el piso hasta que haya pasado el período de secado recomendado por el fabricante.

## Herramientas y materiales ▸

Palustre con muescas cuadradas de ¼"
Mazo de caucho
Cortador de baldosa
Pinzas para cortar baldosas
Cortador manual
Pinzas de punta
Llana para la masilla

Esponja / Separadores
Paño / Umbrales
Cemento delgado
Baldosa / Masilla
Aditivo de látex para la masilla
Adhesivo para pared
Maderos de 2 × 4

Sellador de masilla
Silicona de baldosa
Brocha de esponja
Placa de cemento
Cuerda de tiza
Cinta métrica
Taladro / Pistola para silicona

Tornillos para placa de cemento de 1¼"
Cinta para malla de fibra para pared
Navaja o cuchilla para la masilla
Sierra circular o de vaivén con cuchilla de carbono
Baldosa para los bordes
Protección para los ojos / Guantes

**Los pisos de baldosas** pueden ser instalados en muchos diseños decorativos, pero si es su primera experiencia con estos trabajos, es mejor mantener un diseño básico. En muchos casos estos pisos son combinados con baldosas con molduras para las transiciones entre pisos (instalados después de terminar el piso).

# Cómo instalar baldosa de cerámica en el piso

**Compruebe que la base esté lisa,** nivelada y estable. Esparza una capa de cemento delgado sobre la base para instalar una placa de cemento. Coloque la placa sobre la mezcla manteniendo ¼" de espacio a lo largo de las paredes.

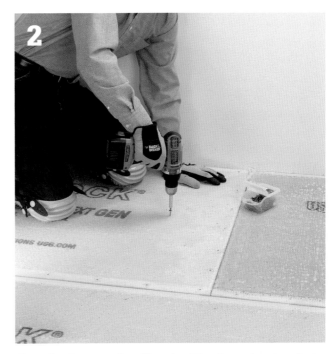

**Clave la placa con tornillos de 1¼".** Coloque cinta de malla de fibra sobre las uniones de las placas. Cubra el resto del piso siguiendo los pasos de la página 66.

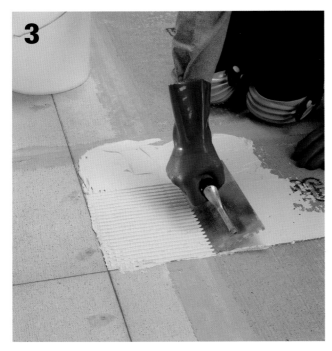

**Dibuje las líneas de referencia** y establezca la distribución de las piezas (ver la página 127). Mezcle una tanda de cemento delgado y aplíquela en forma pareja contra las líneas de referencia de un cuadrante usando un palustre con muescas cuadradas de ¼". Utilice las canales de las muescas para crear surcos sobre el cemento.

**Coloque la primera pieza en la esquina** del cuadrante donde se juntan las líneas de referencia. Cuando instale piezas de 8" de tamaño o más grandes, gírelas un poco a medida que las va colocando en su posición.

(continúa)

**Utilice un mazo de caucho** para golpear unas pocas veces la parte central de cada pieza hasta sentarla en forma pareja sobre la mezcla de cemento.

**Variación:** Cuando instale piezas de gran tamaño o piedras disparejas, utilice un palustre con muescas de al menos ½" de profundidad.

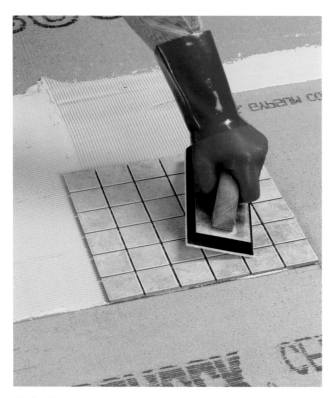

**Variación:** Cuando instale baldosas en forma de mosaico, utilice un palustre con muescas en forma de "V" de ³⁄₁₆" para esparcir la mezcla, y use una llana para presionar las piezas sobre la misma. Aplique la presión suavemente para evitar crear una superficie desnivelada.

**Mantenga consistencia entre** las piezas usando separadores de plástico colocados en las esquinas de cada unidad. En el caso de piezas en mosaico, use separadores del mismo ancho de las uniones.

**Instale las piezas adyacentes** sobre la mezcla a lo largo de las líneas de referencia. Todas las piezas deben quedar bien sentadas entre los separadores.

**Coloque un madero derecho** de 2 × 4 sobre varias piezas para mantenerlas niveladas. Golpee levemente las piezas que necesitan ajuste para nivelarlas.

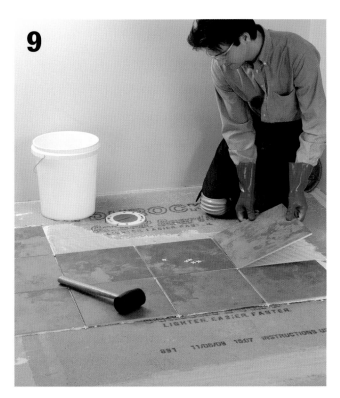

**Instale las piezas restantes** sobre el área cubierta con la mezcla. Repita los pasos 2 a 8, continúe trabajando en secciones pequeñas hasta llegar a las paredes u obstáculos.

**Mida y marque las piezas** que va a colocar contra las paredes y esquinas. Corte las piezas a la medida indicada. Aplique la mezcla en la parte trasera de las piezas en lugar del piso con un palustre con muescas para crear surcos en la mezcla.

(continúa)

**Coloque las piezas cortadas en su posición.** Presione cada una hasta que quede a nivel con las piezas adyacentes.

**Mida, corte e instale las piezas** que requieren muescas o curvas para colocarlas alrededor de obstáculos como tuberías o desagües.

**Remueva los separadores con cuidado** usando unas pinzas con punta. Hágalo antes que la mezcla se endurezca.

**Aplique la mezcla e instale las piezas** en los cuadrantes restantes, completando un cuadrante antes de iniciar el otro. Inspeccione todas las uniones. Use una navaja o cuchilla para remover cualquier protuberancia de masilla que aparezca sobre las uniones.

**15**

**Instale los umbrales en las puertas.** Si el umbral es muy largo para la puerta, córtelo con una sierra circular o de vaivén con cuchilla de tungsteno o carbono. Coloque el umbral sobre una mezcla delgada de cemento a ras con el nivel de las piezas de baldosa. Mantenga el mismo espacio creado entre las piezas. Deje secar la mezcla 24 horas.

**16**

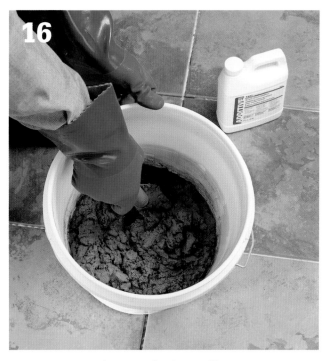

**Prepare una tanda pequeña de masilla** para pisos para llenar las uniones entre las piezas. Cuando prepare una mezcla para aplicar sobre piedra natural o piezas porosas, agregue un aditivo para poder separar la mezcla y evitar que se adhiera a la superficie de las piezas.

**17**

**Comenzando en una esquina,** aplique la masilla sobre la pieza. Utilice una llana para esparcir la masilla hacia afuera a partir de la pared. Presione la llana con firmeza hasta llenar las uniones por completo. Para mejores resultados, incline la llana en un ángulo de 60° sobre el piso y muévala en forma de una figura en ocho.

**18**

**Utilice la llana para remover** el exceso de masilla de la superficie de las piezas. Pásela en forma diagonal sobre las uniones sosteniendo la herramienta casi que en posición vertical. Continúe aplicando masilla y limpiando el exceso hasta que haya cubierto cerca de 25 pies$^2$ del piso.

(continúa)

**Pase una esponja mojada diagonalmente** sobre unos 2 pies² del piso a la vez. Enjuague la esponja con agua fría después de cada pasada. Limpie cada sección sólo una vez porque de lo contrario va a remover la masilla de las uniones. Repita los pasos 15 a 18 para aplicar la masilla en el resto del piso.

**Deje secar la masilla unas 4 horas,** luego use una paño suave para limpiar la superficie del piso y remover la masilla restante.

**Aplique sellador para masilla** sobre las uniones usando una brocha pequeña de espuma. Evite aplicar el sellador sobre las piezas. Limpie el exceso de sellador de inmediato.

**Opción:** Utilice el sellador para cerrar las piezas porosas, la piedra, o la cerámica no vidriosa. Siguiendo las instrucciones del fabricante, use un rodillo para pintura con mango de extensión para aplicar una capa delgada de sellador sobre esta superficie.

# Cómo instalar bordes de baldosa en la base

**1**

**Coloque las baldosas** como ensayo para determinar el mejor espacio de separación. Las uniones de estas piezas no siempre se alinean con las baldosas del piso. Use piezas con borde redondo en las esquinas exteriores y marque las que necesita cortar.

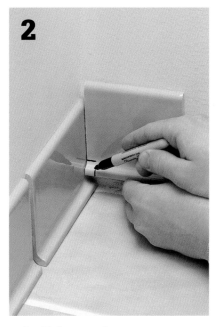

**2**

**Deje ⅛" de espacio** entre las piezas en las esquinas para permitir la expansión. Haga todas las marcas y cortes necesarios para dejar los bordes bien ajustados. Utilice una sierra de vaivén con cuchilla de tungsteno o carbono para hacer cortes en curva.

**3**

**Comience la instalación** de las piezas de base en una esquina interior. Utilice un palustre con muescas para aplicar el adhesivo sobre la parte trasera de la pieza. Coloque separadores de ⅛" sobre el piso por debajo de cada pieza para crear el espacio para la expansión.

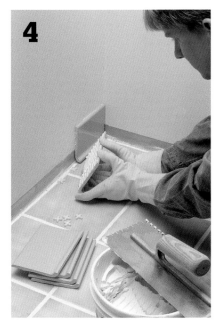

**4**

**Presione las piezas contra** la pared. Siga instalando las unidades dejando ⅛" de espacio entre cada una, y ⅛" de distancia entre las mismas y el piso para la expansión.

**5**

**Utilice piezas de doble** borde redondo en un lado de las esquinas externas para cubrir el borde de la pieza adyacente.

**6**

**Después que el adhesivo** se ha secado, aplique masilla a las uniones verticales de las piezas y sobre el borde superior para crear una línea de masilla consistente. Después que la masilla se haya endurecido, llene el espacio entre las piezas y el piso con silicona.

# Baldosas en mosaico

La baldosa en mosaico es una muy buena solución para instalar en áreas pequeñas. Requiere casi que la misma preparación y manejo que las baldosas de mayor tamaño. La base de la tira del material es sujetada por una malla de tela, y esto hace más difícil sostenerla, colocarla y moverla. Es posible que no quede cuadrada con las guías de referencia en el momento de la instalación, también requerirán muchos más separadores temporales y más cantidad de masilla.

Varias advertencias: Las variaciones de color y textura suelen suceder al igual que en las piezas individuales, y es recomendable comprar toda la baldosa del mismo lote o grupo. Las diferentes clases de baldosa necesitarán diferentes tipos de cemento y pegamento. Por último, si el proyecto final va a ser expuesto a los elementos climatológicos, debe usar adhesivo y masilla diseñados para el uso exterior.

## Herramientas y materiales ▸

| | |
|---|---|
| Escuadra | Adhesivo |
| Cuerda con tiza | recomendado |
| Utensilios de limpieza | Masilla arenosa |
| Esponja burda | Trozo de madero |
| Sellador de masilla | Pinzas para baldosa |
| Lápiz o marcador | Separadores |
| Cinta métrica | Tiras de baldosa |
| Palustre con muescas | en mosaico |
| Mazo de caucho | Llana |

**La baldosa en mosaico viene en tiras** (por lo general de 12 × 12") y puede ser fabricada de cerámica, porcelana, vidrio, o muchos otros materiales. Normalmente instalado por su apariencia, este material requiere de más mantenimiento y es más propenso a rajaduras debido a la cantidad de líneas cubiertas con masilla.

## Cómo instalar baldosa en mosaico

**Limpie el área de instalación** como lo haría al instalar piezas individuales. Marque las líneas de referencia en el centro. Comience en la intersección de las líneas y aplique el adhesivo recomendado en uno de los cuadrantes. Espárzalo hacia afuera en forma pareja con un palustre con muescas. Aplique lo suficiente para trabajar de 10 a 15 minutos.

**Seleccione la tira de mosaico.** Coloque varios separadores al interior de la cuadrícula para mantener la tira cuadrada. Luego levante la tira diagonalmente sosteniéndola de las esquinas opuestas. Esto ayuda a mantener los bordes levantados para no dejar vacíos en medio de la tira.

**3**

**Presione con suavidad una esquina** sobre el adhesivo. Coloque la esquina en la esquina opuesta manteniendo siempre los lados cuadrados con las líneas de referencia. Presione toda la tira suavemente sobre el adhesivo sin excederse y sin mover la pieza fuera de posición. Coloque unos separadores en el borde exterior para mantener el tamaño de líneas de masilla constante.

**4**

**Después de colocar dos o tres tiras,** coloque un trozo de madero plano y derecho a lo largo de las tiras y golpéelo sobre la parte superior con un mazo de caucho para sentar la malla trasera de las piezas sobre el adhesivo y para sacar las burbujas de aire que hayan quedado atrapadas. *Nota: Coloque un pedazo de alfombra por debajo del madero para proteger la superficie de la baldosa.*

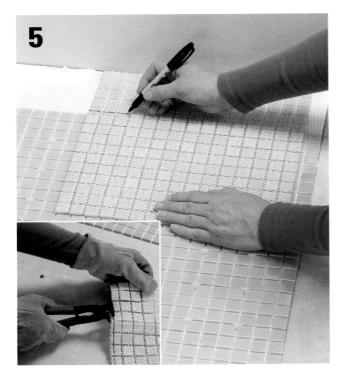

**5**

**Es posible que necesite cortar** unas hileras del borde exterior de la última tira instalada. Si el espacio dejado es mayor que el ancho de una línea de masilla, utilice unas pinzas para cortar el último trozo a la medida correcta. Guarde estos retazos para hacer reparaciones futuras.

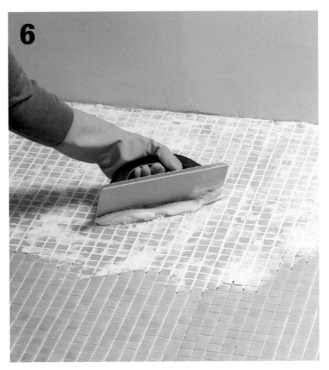

**6**

**Después que el adhesivo se ha curado,** por lo general de 24 a 48 horas, aplique la masilla como lo haría con piezas individuales. Debido a la mayor cantidad de espacios, necesitará más masilla. Siga las instrucciones del fabricante sobre cómo esparcir la masilla. Siga las instrucciones de la página 150 para hacer la limpieza.

# Baldosas de vidrio ▸

Casi que olvidado debido a la gran cantidad de posibilidades ofrecidas por el material de piedra, el vidrio merece una especial consideración debido al impacto visual que puede crear en una cocina o baño. Su elegancia y la magnífica variedad de colores permiten la creación de pisos verdaderamente impresionantes.

El secreto del atractivo del vidrio es su color. La pigmentación es agregada en el momento de su producción convirtiendo el color como parte integral del material (no perderá el color, opacará o cambiará). Sin embargo, a pesar de su durabilidad, la superficie vidriosa puede quebrarse, pero el espesor de las baldosas asegura que no se quebrarán con el uso normal.

Instalar este tipo de pisos es un poco más difícil que colocar pisos de piedra o cerámica. El objetivo es crear un fondo blanco y brillante para resaltar el color de la baldosa.

Algunos fabricantes incluyen una base blanca de fondo con ese propósito. También especifican el uso una membrana blanca de supresión de rajaduras por debajo de la baldosa, y un cemento delgado blanco y brillante donde se colocan las piezas. La baldosa de vidrio es cortada con una sierra de agua al igual que otras piedras y cerámicas, pero debe tener un disco de diamante especial para cortar vidrio. El piso terminado es cubierto con masilla al igual que otras superficies de baldosa.

La superficie blanca de fondo da a la baldosa de vidrio casi que una característica luminosa (como si el piso estuviera iluminado en su interior). Su apariencia limpia, sofisticada y moderna llama mucho la atención, y por lo tanto es mejor trabajar con diseños de colores simples y monocromáticos que no compiten con los tonos brillantes del piso. Si lo instala en el sitio correcto, el piso de vidrio es un elemento de diseño fascinante para el observador.

**Los pisos construidos relativamente** con una simple cerámica cobran nueva vida cuando son enmarcados con un borde de baldosas de vidrio. En esta foto, el borde de vidrio crea una hermosa transición entre la cerámica y el área alfombrada.

Todas las fotos cortesía de © Oceanside Glass Tile

**La baldosa en mosaico en forma** hexagonal trae a la mente el recuerdo de la era Arte Deco (del principio a la mitad del siglo pasado), pero su textura, brillo y color lo identifica claramente como un piso moderno. El piso hace juego con la reproducción del lavamanos estilo chino, y con las patas redondas de metal. Las piezas de cerámica en el piso crean un gran contraste cerca de la puerta.

**Esta pared cubierta con baldosa** de vidrio es sin duda el centro de atención del baño, y el diseño surte efecto en gran parte debido a la baldosa de piedra en el piso. Con frecuencia las tiras de mosaico de vidrio continúan con su influencia a lo largo del piso. Este puede ser un diseño efectivo, pero si no es manejado con talento y gusto, puede crear rápidamente un efecto confuso.

**Las piezas de vidrio** vienen en colores ilimitados. Si escoge y combina unos cuantos, le dará a la superficie un aspecto atractivo. También permite extraer colores y texturas de elementos decorativos adyacentes. Debido a que la baldosa de vidrio es instalada sobre una base interior blanca, aún los tonos más opacos resaltan al instante. Así podrá mezclar y empatar colores con menos riesgo, aún si son de tonos fuertes.

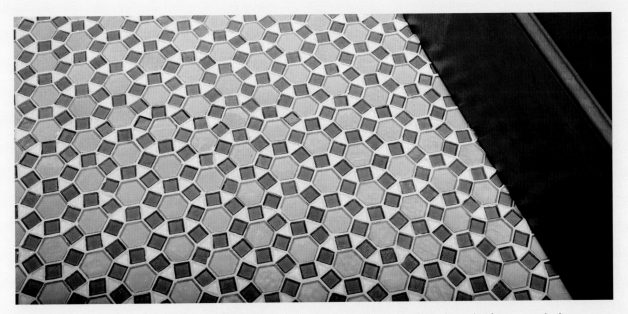

**Los diseños exclusivos con baldosas de vidrio** son impactantes. Este arreglo sofisticado con hexágonos, cuadrados y triángulos es creado en tiras de mosaico por el distribuidor del material. Crear su propio diseño puede ser una agradable labor, pero también adicionará considerablemente el costo final.

# Pisos con tableros combinados

Este producto híbrido combina la apariencia clásica y elegante de la cerámica con la fácil instalación de los pisos elásticos. Los tableros combinados son fabricados para imitar una gran variedad de pisos sólidos (desde piedra lisa o porosa hasta mármol) y son más cómodas y agradables al contacto con los pies que cualquier otro tipo de cerámica normal.

Los diseños varían según la marca y el fabricante, y la mayoría de productores de pisos elásticos ofrecen ahora materiales con la combinación de estos productos. Pueden ser instalados con la misma técnica que los pisos elásticos (donde cada pieza se ajusta a la siguiente), o puede dejar espacios entre los tableros y luego aplicar masilla para imitar la apariencia y acabado de la cerámica tradicional.

Con o sin masilla, los tableros combinados (también conocidos como baldosa elástica compuesta), son fáciles de mantener. Algunos fabricantes ofrecen generosas garantías donde aseguran que las piezas no perderán su color, no se mancharán, rajarán, o mostrarán desgaste por muchos años. Este tipo de confianza en el producto brinda una sensación de seguridad al consumidor.

## Herramientas y materiales ▶

Cinta métrica
Cuerda con tiza
Palustre con
   muesca de ¹⁄₁₆"
Tableros combinados
Adhesivo para pisos

Rodillo pesado
Sellador para uniones
Utensilios de limpieza
Sierra cortadora (o la sugerida
   por el fabricante)
Masilla (opcional)

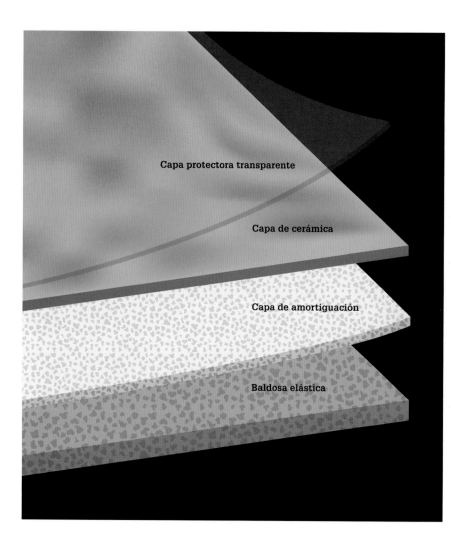

**Capa protectora transparente**

**Capa de cerámica**

**Capa de amortiguación**

**Baldosa elástica**

**Las cubiertas de los pisos** de las cocinas y baños deben soportar el uso constante, el mantenimiento frecuente y bastante humedad. Los pisos con tableros combinados cumplen con todas estas necesidades, pero puede ser difícil instalarlos. Su fría superficie no es muy agradable al caminar y no es flexible para proteger la caída de platos o vasijas. El vinilo, en tiras o en placas, ofrece una superficie más suave, calurosa y menos costosa, además de fácil de instalar. Sin embargo, el vinilo es vulnerable a rajaduras y agujeros, y no dura tanto como los tableros de cerámica. En los últimos años los fabricantes han encontrado la forma de utilizar las mejores propiedades de ambos materiales creando así los tableros combinados. Estas piezas de vinilo están cubiertas con una capa delgada de componentes de cerámica. Pueden ser instalados como tableros de vinilo, con los bordes bien ajustados, o dejando espacios entre sí para aplicar masilla de acabado.

**Los pisos con tableros combinados** presentan la belleza y durabilidad de la cerámica o la piedra, mientras que adiciona la comodidad y suavidad de los pisos de vinilo. El elemento resultante es un material verdaderamente excepcional.

# Cómo instalar tableros combinados

**1**

**Los pisos elásticos** de componentes pueden ser instalados en una variedad de superficies. Lea las instrucciones del fabricante para asegurarse que la base del piso es la recomendada. Debe estar limpia, seca, y libre de polvo, mugre, grasa o cera. Barra, aspire y limpie con un trapero húmedo la superficie antes de iniciar la labor.

**2**

**Mida los bordes externos del área.** Ubique el punto medio en las paredes opuestas y luego haga marcas con una cuerda de tiza entre ellas. El punto de intersección entre las líneas marcará la mitad de la habitación.

**3**

**Comenzando en el punto de intersección,** coloque las piezas a lo largo de una pared. Si la última pieza a instalar es menor de ¼ del tamaño total de la pieza, mueva el punto central de intersección.

**4**

**Marque de nuevo las líneas** para empatar el punto central ajustado del paso 3. Compruebe que la intersección central está cuadrada por medio del método 3-4-5.

**Evite dejar las uniones de las piezas** directamente sobre las uniones de la base del piso. Si ese es el caso, dibuje de nuevo las líneas con tiza para mover las marcas al menos 3" o la mitad del ancho de una baldosa. Repita la prueba de las piezas y haga los ajustes necesarios de las líneas hasta tener un punto definitivo para comenzar.

**Aplique el adhesivo recomendado** en uno de los cuadrantes en la intersección central. Use un palustre con muescas. Deje secar el pegamento según el tiempo especificado por el fabricante y coloque las piezas a lo largo de las líneas marcadas. Aplique el adhesivo suficiente para cubrir en el tiempo indicado. Continúe la instalación desde el centro hacia afuera en cada cuadrante.

**Cuando trabaje alrededor de obstáculos,** coloque la pieza contra la obstrucción y haga las marcas para los cortes. Siga las instrucciones del fabricante para realizar el corte.

**Durante el transcurso de una hora** después de haber colocado las piezas, pase un rodillo pesado sobre el piso. Muévalo en ambas direcciones sin mover las piezas de su lugar. Aplane el piso con el rodillo antes de aplicar la masilla o el sellador de uniones.

# Tableros de porcelana con rápido ensamble

Los tableros de porcelana con rápido ensamble para pisos es un producto relativamente nuevo que combina la fácil instalación de los pisos laminados con la durabilidad y apariencia de la baldosa de cerámica. Cada pieza de porcelana es colocada en una base de plástico con lengüetas de ensamble alrededor de toda la superficie encauchada no resbalosa. Esta construcción permite el ensamble de las piezas en un sistema de piso flotante que no requiere de adhesivo, y a su vez provee una apariencia al caminar muy parecida al piso de cerámica convencional.

El sistema flotante permite una instalación rápida, menos costosa, y puede ser reemplazado con mucho menos problema si estuviera adherido al piso. El material también puede ser instalado sobre cualquier base limpia y estable en la medida que no tenga declives superiores a ¼ de pulgada en espacios de 10 pies de largo. Puede escoger material de 12 ó 4 pulgadas cuadradas. Después de ser cubierto con masilla flexible suministrada por el fabricante, estos pisos son tan resistentes a la humedad como cualquier otra superficie de cerámica.

Un aspecto desalentador con respecto a este material es su limitada variedad de colores disponibles en el mercado. Actualmente el rango está limitado a colores con tonos marrón y beige, los cuales no se combinan con el esquema ilimitado de colores y esquemas en diferentes decoraciones. El tono con acabado de satín veteado es también muy fácil de limpiar y no muestra la mugre con facilidad entre limpiezas. A medida que avanza la tecnología, más y más colores estarán disponibles en el mercado.

## Herramientas y materiales ▸

- Tableros de rápido ensamble (Ver Recursos en la página 266)
- Escuadra
- Bloque de caucho
- Barra con punta de caucho
- Protección para ojos y oídos
- Paleta
- Sierra de agua
- Cortador en ángulo
- Navaja
- Mazo
- Masilla flexible
- Llana
- Esponja
- Sierra circular
- Cinta métrica
- Guantes

**La apariencia y atractivo** de la cerámica tradicional es logrado con estos tableros de porcelana de rápido ensamble (ver foto anexa). El uso de masilla flexible en el momento de la instalación, es la clave para lograr buenos resultados con esta clase de superficie.

# Cómo instalar tableros de porcelana de rápido ensamble

**Revise la oscilación de todas** las puertas en el área de instalación y compruebe que abren con facilidad después de colocar la nueva baldosa. Si este no es el caso, o si el espacio entre el borde inferior de la puerta es menos de ¼", remueva y corte la puerta. Corte los marcos de las puertas para dar espacio a las baldosas y remueva toda la base del piso y electrodomésticos que bloquean el libre acceso del piso.

**Compruebe que todas las paredes** están cuadradas por medio del método 3-4-5. Si las paredes no están cuadradas, decida cómo va a ajustar las hileras para compensar las medidas. También mida el ancho del piso para establecer si quiere colocar la primera hilera en el centro del piso o va a empezar en una pared.

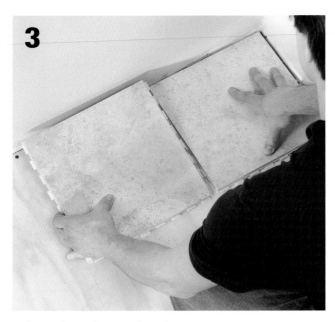

**Coloque las primeras dos piezas** después de quitar el seguro de las lengüetas con una navaja con filo en el lado de frente a la pared. Inicie colocando las piezas en la esquina y deje ¼" de espacio entre las mismas y la pared para la expansión. Aún cuando las lengüetas sobresalen ¼" y pueden servir como separadores de ¼" de ancho, el hecho de que hacen parte de la baldosa no son apropiadas como espacio de expansión. Use los separadores removibles tradicionales. Conecte cada pieza en la esquina, presiónelas juntas hasta ajustarlas.

**Use un bloque de caucho para golpear** las piezas levemente si tiene dificultad al ensamblar las lengüetas. Alinee las piezas y luego sostenga el bloque contra el lado de la baldosa —no contra la base de plástico o el cuadrante—. Golpee el bloque suavemente hasta que las piezas se ensamblen juntas.

(continúa)

**5**

**Continúe instalando las piezas** poniendo cuidadosa atención a las direcciones de las vetas y diseños en la superficie. Si comete algún error y tiene que desconectar una pieza ensamblada, puede hacerlo con una barra con punta cubierta de caucho, o con cualquier otra herramienta o barra con una superficie protectora. Coloque la punta de la barra entre las dos piezas y sepárelas con cuidado.

**6**

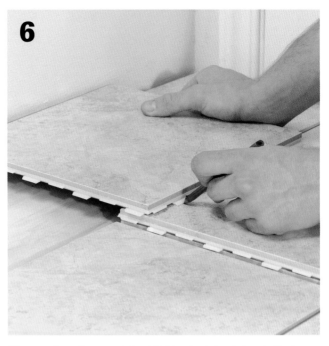

**Marque las piezas para colocar** alrededor de los obstáculos o para la última hilera. Coloque una pieza por encima alineada con la hilera anterior. Luego coloque otra pieza encima de esta alineada a ¼" de distancia de la pared o del obstáculo. Marque la línea de corte en medio de la pieza usando un separador entre las lengüetas de la pieza superior como guía.

**7**

**Corte las piezas con una** sierra de agua equipada con un disco especial para cortar baldosas de porcelana o cerámica. Corte sobre el lado a descartar y cambie el agua del contenedor para realizar mejores cortes. Lleva tiempo cortar la porcelana. Tenga paciencia y no fuerce la pieza al interior del disco de corte.

## Corte de curvas ▸

**Para cortar en curva,** o en otra forma irregular, utilice la cortadora en ángulo equipada con una rueda de corte con punta de diamante. Corte al interior de toda la pieza (incluyendo la capa de la base de plástico). Esto va a tomar varias pasadas. *Nota: Las piezas en este ejemplo tienen una superficie sobre la base muy resistente a las resbaladas, y no necesitan asegurarse sobre una mesa de trabajo como lo haría con otras baldosas normales.*

**8**

**Coloque las últimas piezas** en su lugar y luego ajústelas al interior de los ensambles de las piezas anteriores usando una palanca cubierta con caucho. Al terminar el piso, mezcle la masilla flexible por completo con un palustre siguiendo las recomendaciones del fabricante.

**9**

**Aplique la masilla al interior** de las uniones de las piezas con una llana fuerte de caucho presionando la mezcla con firmeza. Quite el exceso de masilla con el lado de la llana y haga los retoques sobre los espacios vacíos en la superficie.

**10**

**Limpie el exceso de masilla.** Llene un tarro de plástico de 5 galones de capacidad con agua limpia. Use una esponja para limpiar la superficie. Remueva los residuos y suavice las uniones con la esponja. *Importante: Enjuague la esponja con agua limpia después de cada pasada.*

## Cambiar una pieza averiada ▸

**Para reemplazar una pieza averiada** quite la masilla alrededor de toda la pieza. Utilice un cortador para la masilla o simplemente quítela a pedazos con un punzón afilado. En cualquier caso, tenga cuidado para no averiar las piezas adyacentes. Luego corte las lengüetas salientes en tres de los lados utilizando una navaja. Levante la pieza con una barra y sáquela del lado de las lengüetas no cortadas. Quite las lengüetas de ensamble de tres lados en la nueva pieza. Aplique una capa de adhesivo para construcción por debajo de la nueva pieza. Coloque la pieza en la posición correcta y ensamble el lado no cortado en la pieza adyacente. Deje secar el adhesivo y luego llene las uniones con masilla flexible.

# Tableros de ensamble intercalado

Las baldosas para el piso con ensamble intercalado son una simple solución para instalar en garajes y sótanos creando un diseño similar a un tablero de ajedrez. Estas piezas de 1 × 1 pies² son fabricadas en diversidad de colores y con material PVC reciclado o con otros componentes. Existen muchas clases de superficies y estilos de vetas dependiendo el fabricante. Algunas clases son ventiladas para un mejor secado, y son una buena opción para instalar sobre concreto húmedo. Este material es resistente contra la gasolina, el aceite y muchos otros solventes, y por lo tanto es propicio para sitios de trabajo y garajes.

Las piezas intercaladas crean un sistema de piso flotante. Los cuatro lados tienen ensambles en forma de lengüetas que se intersectan entre sí como un rompecabezas. Después de instaladas, las piezas se sostienen por sí mismas y no hay necesidad de ajustarlas o aplicar adhesivos sobre la base de concreto. Puede cortarlas con herramientas normales para cortar madera y unirlas golpeándolas con un mazo. La mayoría de los fabricantes ofrecen piezas de transición hacia otras superficies.

El proceso de instalación es muy similar al usado para instalar piezas permanentes en un piso. Limpie la superficie por completo. Mida y marque con una cuerda con tiza el centro del área. Comience el trabajo colocando una serie de piezas a lo largo de la línea de tiza de intersección. Ajuste la hilera lo necesario para dejar piezas completas en los bordes. Puede dejar piezas cortadas a lo largo de la pared trasera. Construya el tablero intercalado a la derecha a izquierda de la hilera central hasta llenar el resto del piso. Mida y corte las piezas parciales a medida que lo necesite para colocar sobre las paredes laterales y trasera. Termine colocando las piezas de transición si es necesario, y cubra los bordes del piso en las paredes con molduras u otra clase de base. Si tiene ayuda, podrá terminar este proyecto en una sola tarde.

## Herramientas y materiales ▶

| | |
|---|---|
| Escoba grande o un soplador de hojas | Regla derecha |
| Cinta métrica | Mazo de caucho |
| Cuerda con tiza | Sierra circular o de vaivén |
| Cepillo con cerdas duras | Lápiz contra la grasa |
| Detergente para | Sellador de superficie |
| Tablero de base | Baldosas / Abrazaderas |
| Balde de plástico | Protección de ojos / oídos |
| | Moldura de base |

**Los tableros de ensamble intercalado** se juntan para crear un piso flotante, y así tendrá las conveniencias que estos pisos ofrecen.

# Cómo instalar tableros de ensamble intercalado

**Limpie el piso con una escoba,** aspiradora, o quitando toda la mugre con un soplador de hojas.

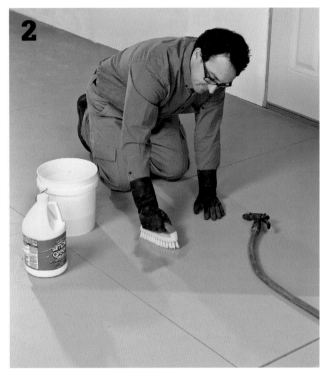

**Remueva las manchas de aceite** con un detergente y un cepillo con cerdas duras.

**Mida el piso en ambas direcciones,** y marque la ubicación de las líneas centrales.

**Haga las marcas con una** cuerda con tiza para conectar los puntos centrales en ambas direcciones. Forme un punto de intersección en el medio y divida el área en cuatro cuadrantes.

(continúa)

**5**

**Coloque las piezas a lo largo** de la línea de referencia. Deténgase antes de llegar a la pared. Vaya ensamblando las piezas a medida que trabaja. Use un mazo de caucho para golpear y ajustar las piezas si es necesario.

**6**

**Ajuste la posición de la primera** hilera para que la última pieza quede cerca de la pared o puerta sin tener que cortarla. Es mejor colocar las piezas cortadas al lado de la pared más alejada. Si va a instalar una tira de transición en el piso (algunos fabricantes suministran esta pieza, pero no todos), debe dejar espacio para la pieza cuando ubique de nuevo la hilera. Trace las nuevas líneas con tiza paralelas a las originales para acomodar de nuevo las piezas.

**7**

**Acomode las piezas a lo largo** de la nueva línea de referencia para crear el diseño. Si descubre que una hilera va a terminar con piezas pequeñas de un par de pulgadas o menos, acomode la distribución de las piezas hacia los lados para que el corte final quede balanceado en ambos extremos de la línea. Termine de llenar los cuadrantes con las piezas.

**8**

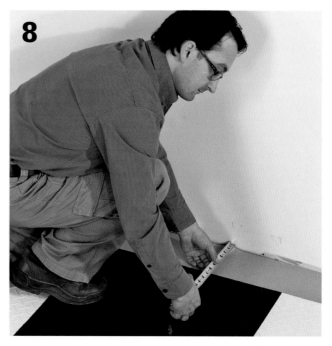

**Mida los espacios al final** de las hileras que requieran instalar piezas cortadas y reste ¼" para permitir la expansión.

**9**

**Corte las piezas necesarias con** una sierra de vaivén. Coloque un tablero por debajo de la pieza al hacer el corte. Use una regla derecha como guía para hacer un buen corte.

**10**

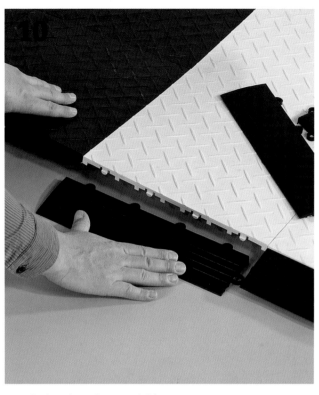

**Instale las tiras de transición** en las puertas. No todos los fabricantes de este tipo de piso suministran las piezas de transición.

**Opción:** Selle las piezas para protegerlas de daños aplicando un sellador transparente. Lea las recomendaciones del fabricante.

**11**

**Instale la moldura de base.** Utilice esta moldura para esconder el espacio de expansión dejado alrededor de las paredes (en este caso tiras de vinilo).

# Piso de caucho en rollo adherido a la base

El uso de esta clase de pisos es común en sitios como restaurantes y almacenes, y ahora se ha popularizado y convertido en una opción para uso casero. Es elástico, durable y estable, y de gran resistencia al uso extremo. También vale la pena anotar que es muy confortable al caminar y es de fácil mantenimiento.

La durabilidad y elasticidad del caucho provee beneficios de dos formas. Primero, el piso aguanta casi que cualquier tipo de uso sin mostrar señales de daño. Segundo, es un magnífico absorbente de golpes en proporción a su espesor. Los pisos de caucho ancho ayudan a prevenir la fatiga y su superficie es muy cómoda para caminar, pararse, o para realizar intensos ejercicios.

Muchos productos para pisos son fabricados con caucho reciclado. Esto reduce la cantidad de basura que se deposita en los campos y reduce el consumo de nuevos materiales básicos.

Cuando instale esta clase de pisos sobre madera, utilice sólo contrachapado para uso exterior con un lado lijado. No use contrachapado para interiores, fabricado con partículas, con base acartonada, o productos similares. La superficie deberá estar nivelada, suave, y asegurada al subsuelo.

## Herramientas y materiales ▸

Adhesivo
Cuerda con tiza
Utensilios de limpieza
Navaja
Cinta métrica
Disolventes minerales
Palustre con muescas

Cinta de enmascarar
Regla derecha
Rodillo para el piso
Rodillo manual
Molduras para la base
Protección para los
    ojos y oídos

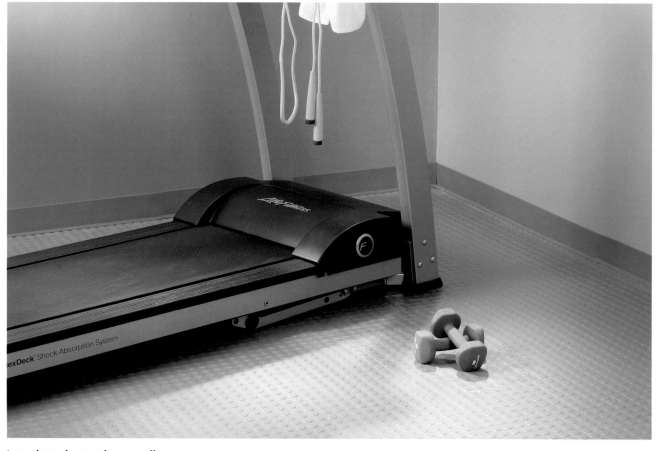

**Los pisos de caucho en rollo** pueden soportar el uso extremo sin mostrar señales de daño. Es un excelente absorbente de golpes y una buena solución para áreas de trabajo o salones de ejercicio.

# Cómo instalar piso de caucho en rollo adherido a la base

**1**

**Marque la primera tira** del piso de caucho en rollo. Comience en la pared más larga y marque la longitud del corte dejando la tira un par de pulgadas más larga. Use una regla derecha para trazar la línea y una navaja afilada para cortar (coloque un tablero de cartón como base antes de hacer el corte).

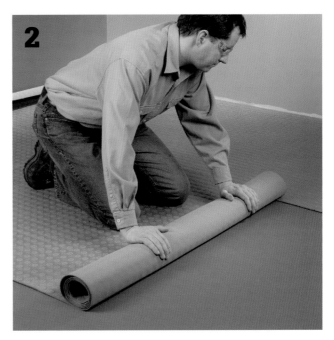

**2**

**Coloque la primera tira** recostada contra la pared más larga. Deje el exceso del largo de la tira equidistante a cada lado de la pared. Corte la siguiente tira a la medida y ajústela contra la primera. La segunda tira debe traslapar la primera de 1 a 1½". Las uniones deben permanecer paralelas. Instale el resto de las tiras en la habitación de igual manera.

**3**

**Corte las tiras para crear** uniones perfectas. Coloque un tablero de cartón por debajo, centre la regla sobre la tira superior y luego corte con cuidado ambas tiras donde se traslapan. Cambie la cuchilla de la navaja con frecuencia y no trate de hacer el corte sólo en una pasada al menos que el piso sea delgado.

**4**

**Limpie el material de desperdicio** del área y compruebe que la unión de las tiras ha quedado perfecta. Ya que fueron cortadas juntas, deben empatar correctamente. No debe ajustar la posición de una de las tiras porque en tal caso la unión no se alineará.

(continúa)

**Enrolle la primera tira** hasta la mitad dejando parte de la base del piso expuesta. Una vez más, no debe mover la posición de la tira.

**Aplique el adhesivo recomendado** por el fabricante sobre la superficie expuesta del piso. Use un palustre con muescas. Evite untar la superficie de la tira. El adhesivo debe llegar hasta las paredes y sobrepasar apenas un poco sobre el área de unión con la otra tira.

**Baje la tira lentamente** sobre el adhesivo. Evite dejar atrapadas burbujas de aire por debajo. Nunca deje protuberancias o charcos de adhesivo porque serán visibles sobre la superficie.

**Pase un rodillo de 100 libras** de peso sobre la superficie de inmediato para comprimir cualquier burbuja de aire atrapada y para maximizar la adherencia entre el pegamento y el rollo. Traslape las pasadas del rodillo. Páselo a lo ancho y luego a lo largo del rollo. Repita la acción 30 minutos después.

**Enrolle la segunda mitad** de la primera tira y la primera mitad de la segunda tira. Aplique el adhesivo como lo hizo anteriormente. Espárzalo en un ángulo de 90° a la altura de las uniones. Esto reduce la posibilidad de que se pase a la superficie a través de las uniones. Continúe instalando las tiras de esta forma.

**Limpie los excesos de adhesivo** sobre la superficie de inmediato. Use un trapo mojado con un disolvente mineral. Tenga cuidado al limpiar las uniones para evitar que el disolvente penetre al interior del piso porque arruinará el adhesivo.

**Presione todas las burbujas** o las uniones que no han quedado perfectas. Si la unión se resiste a aplanarse, coloque un tablero por encima con algo de peso y déjelo presionando el área toda la noche. Se recomienda presionar todas las uniones con un rodillo manual en forma de "J" (J-roller), además de pasar el rodillo pesado por toda el área.

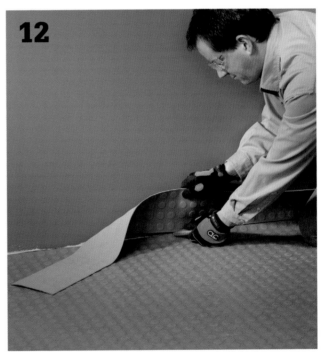

**Corte el exceso de rollo** en las puntas con una navaja. Puede dejar un pequeño espacio entre las tiras y la pared si va a instalar molduras para la base.

# Piso de caucho en rollo unido en los bordes

El piso en rollo para trabajo pesado es fabricado en una variedad de colores y texturas, incluyendo diseños perpendiculares, redondos, o entretejidos. Este tipo de superficie es común en aeropuertos, centros comerciales, gimnasios, y en otras áreas de uso constante. El material es resistente a la mayoría de químicos, a la sal y al agua, y es lo suficientemente pesado para instalarse sin necesidad de adhesivos. Los diseños de la superficie ayudan a esconder pequeños desperfectos del concreto y aumentan la tracción. Es fabricado en rollos de 7½ a 10 pies de ancho, y en varias longitudes hasta 60 pies de largo.

La instalación de este producto requiere de menos preparación que los pisos permanentes, y el material es lo suficientemente grueso para quedar aplanado en el área instalada sin tener que adherirlo al concreto. Prepare el lugar de trabajo cepillando y limpiando el piso por completo. Utilice químicos para la limpieza y luego enjuague bien la superficie para remover fuertes manchas de aceite u otros químicos. Haga la instalación en un día caluroso y soleado.

## Herramientas y materiales ▶

Cepillo con cerdas duras          Cinta métrica
Cinta de doble cara               Regla derecha
   para alfombra    Navaja
Piso en rollo

**Los pisos en rollo** son una clase de piso flotante y durable que no requiere de adhesivos especiales para su instalación. Puede enrollar y sacar los pisos afuera para una fácil limpieza. Es una excelente solución para cubrir superficies viejas de concreto, manchadas o húmedas.

# Cómo instalar pisos de caucho en rollo unido en los bordes

**Desenrolle el material del piso** preferiblemente en un área limpia y en un día soleado. Déjelo descansar por unas horas hasta que se aplane.

**Coloque el material sobre el piso** y use un cepillo para empujar al exterior las burbujas de aire.

**Corte el material para encajarlo** alrededor de las puertas y otros obstáculos usando una navaja con filo. Utilice todos los rollos necesarios para cubrir áreas grandes.

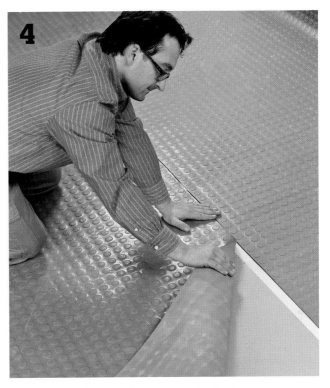

**Pegue con cinta las uniones** entre rollos. Doble el borde y conecte la cinta de doble cara sobre un rollo. Descanse el borde sobre el piso para que el borde del siguiente rollo se presione sobre la cinta.

# Pisos de tiras elásticas de vinilo

La perfecta preparación de la base es la fase más importante en la instalación de tiras elásticas de vinilo (ver la página 64). El corte del material para acomodarlos alrededor de los obstáculos de la habitación es el segundo paso que debe tener en cuenta.

La mejor forma de asegurar cortes precisos es por medio de la creación de plantillas. Algunos fabricantes ofrecen equipos de plantillas para la instalación, o puede construir la propia siguiendo las instrucciones de la página 177. Siempre utilice el adhesivo recomendado por el fabricante del piso que está instalando. Muchos prefieren utilizar sólo los productos que suministran para la instalación.

Tenga mucho cuidado al trabajar con las tiras de vinilo, en especial los productos con espuma incorporada, para evitar quebraduras o rajaduras.

**Las tiras de vinilo** son un material común fácil de instalar y requiere de mínimo esfuerzo para mantener.

# Herramientas para instalar los pisos elásticos

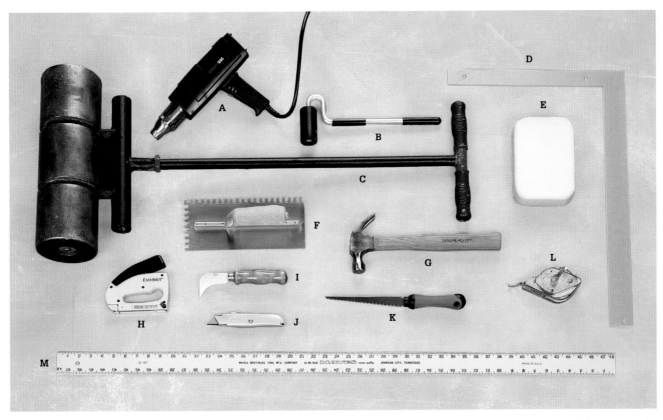

**Entre las herramientas para instalar estos pisos se incluyen:** Pistola de calor (A), rodillo manual (J-roller) (B), rodillo para el piso (C), escuadra (D), esponja (E), palustre con muescas (F), martillo (G), grapadora (H), navaja para linóleo (I), navaja (J), sierra para paredes (K), cuerda de tiza (L), regla (M).

# Clases de pisos elásticos

Piso para adherir al perímetro

Tira completa de vinilo

Tableros de base seca

Tableros con auto-adhesivo

**Las tiras de vinilo elástico** vienen en tiras completas o para adherir al perímetro. Las tiras completas tienen un papel sobre la base y es asegurada con adhesivo esparcido sobre la base del piso antes de la instalación. Los pisos de perímetro, identificado por su suave superficie blanca de PVC, se instalan directamente sobre la base y se asegura con adhesivo especial aplicado sobre los bordes y uniones.

**Los tableros de baldosas elásticas** vienen en estilos auto-adhesivos y con base seca. Los auto-adhesivos vienen con un pegamento protegido con un papel de cera que se remueve al instalar la pieza. Las piezas secas se aseguran con adhesivo especial esparcido sobre la base del piso antes de la instalación. Las piezas auto-adhesivas son más fáciles de instalar pero el pegamento es menos confiable. No utilice adhesivo adicional con este tipo de tableros.

**Barra y aspire la base** del piso por completo antes de instalar la superficie de vinilo elástico para asegurarse que tendrá un acabado liso y sin arrugas (izquierda). Si no quita las piezas pequeñas de mugre crearán protuberancias notorias en el piso (derecha).

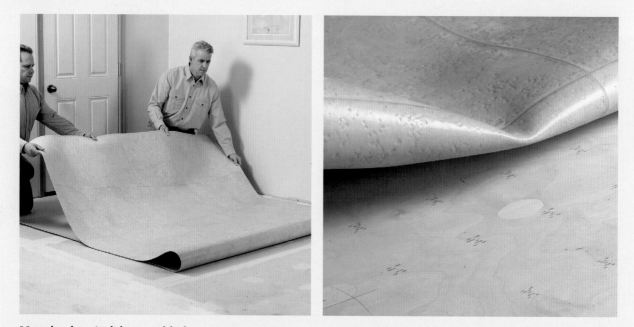

**Maneje el material con cuidado** para evitar las rajaduras o quebraduras (derecha). Si pide ayuda, podrá evitar errores costosos (izquierda). La tira de vinilo debe estar a la temperatura del área donde se va a instalar antes de comenzar el trabajo.

# Cómo hacer una plantilla de corte

**1**

**Coloque tiras de papel de envoltura** a lo largo de las paredes dejando ⅛" de espacio para la expansión. Corte agujeros triangulares sobre el papel con una navaja. Pegue el papel al piso con cinta para enmascarar colocada sobre los agujeros.

**2**

**Siga el diseño del área** trabajando con una tira de papel a la vez. Traslape los bordes de las tiras adjuntas unas 2" y únalas con cinta.

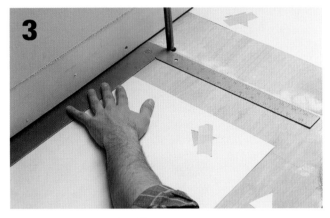

**3**

**Para acomodar la plantilla** alrededor de las tuberías, pegue con cinta tiras de papel a cada lado. Mida la distancia desde la pared hasta el centro de la tubería y luego reste ⅛".

**4**

**Transfiera esa medida** a una pieza separada de papel. Use un compás para dibujar el diámetro de la tubería sobre el papel y luego córtelo con tijeras o una navaja. Haga un corte desde el borde del papel hasta el agujero.

**5**

**Coloque el corte del agujero** alrededor de la tubería. Pegue la plantilla del agujero a las tiras adyacentes.

**6**

**Cuando haya terminado,** enrolle o doble el papel con suavidad para transportarlo.

# Cómo instalar tiras de vinilo para unir al perímetro

**Desenrolle el material** sobre una superficie grande, plana y limpia. Para evitar arrugas, los rollos vienen de fábrica con la cara frontal hacia adentro. Desenrolle la tira y voltee la cara del material hacia arriba para las marcas.

**Para instalar dos piezas**, traslape los bordes de las tiras por lo menos 2". Haga las uniones manteniendo el patrón del diseño (como las líneas simuladas de masilla). Alinee las piezas hasta empatar los estampados y luego péguelas con cinta para enmascarar.

**Haga una plantilla de papel** (ver la página 177) y ubíquela en su lugar. Trace el borde de la plantilla sobre el vinilo con un marcador no permanente.

**Remueva la plantilla.** Corte la tira de vinilo con una navaja afilada o una navaja para vinilo. Use una regla derecha como guía para hacer cortes largos.

**Corte los huecos para** la tubería u otras obstrucciones permanentes. Haga un corte desde el hueco borde hasta el borde más cercano. En lo posible haga estos cortes en dirección del diseño de la superficie.

**Enrolle el material** suavemente y llévelo al sitio de instalación. No doble la pieza. Desenrolle el vinilo con cuidado. Deslice los bordes debajo de los marcos de las puertas.

**Corte las uniones** para las instalaciones de dos piezas usando una regla derecha como guía. Sostenga la regla con fuerza sobre el vinilo y corte a lo largo de las líneas patrones al interior de ambas piezas del material.

**Remueva ambas piezas** de desperdicio. El patrón del diseño ahora corre en forma continua a lo largo de las piezas contiguas.

**Enrolle los bordes** de ambas piezas. Aplique una capa de 3" de ancho de adhesivo para pisos sobre la base o el piso antiguo. Use un palustre con muescas en forma de "V" de ¼" o una navaja para pared.

**Descanse los bordes** de las piezas, uno a la vez, sobre el adhesivo. Asegúrese que los bordes queden bien ajustados. Presione los espacios con los dedos si es necesario. Pase un rodillo manual en forma de "J" sobre las uniones, o uno para sellar papel de colgar.

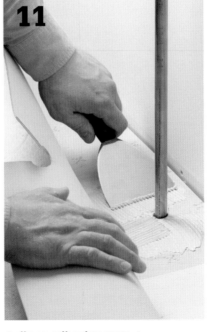

**Aplique adhesivo para** pisos por debajo de los cortes del vinilo en las tuberías o postes y a lo largo de todo el perímetro de la habitación. Pase un rodillo pesado sobre la superficie para asegurar un buen contacto con el adhesivo.

**Si va a instalar vinilo** sobre una superficie de madera, clave los bordes externos del vinilo con grapas de ⅜" clavadas cada 3" de distancia. Las grapas deberán ser cubiertas con la moldura instalada alrededor de la pared.

# Tiras de vinilo sin adhesivo

La última tecnología creada en los pisos de vinilo es llamada "loose-lay" (sin pegamento). Esta clase de piso es fabricado con una capa de fibra de vidrio en la base más acolchonada que la base del vinilo convencional. La base también adiciona espesor y estabilidad a la superficie, y sólo necesita ser adherida en las uniones o por debajo de los electrodomésticos pesados. En lugar de usar pegamento, aquí se utiliza cinta adhesiva de acrílico de doble cara.

Las tiras de vinilo sin pegamento son instaladas casi de la misma forma que los otros tipos de pisos elásticos. Cortar el material al tamaño indicado es la parte más difícil del proyecto. Por fortuna, la mayoría de los fabricantes ofrecen equipos de instalación para ayudar a una buena instalación.

Este material puede ser instalado sobre muchas superficies, incluyendo capas sencillas de vinilo en tiras o en tableros, base con contrachapado, concreto, o base de cerámica. No lo instale sobre tableros de partículas de cartón, sobre vinilo acolchonado, alfombra o tapete, sobre tiras de madera o pisos de placas. Utilice un nivelador de textura para emparejar las líneas de masilla en la cerámica o las texturas del vinilo, o un compuesto para remiendos

sobre bases de contrachapado para crear una superficie plana y suave. No utilice cinta para alfombra en este producto porque causará descolorido. Utilice molduras comunes de umbral en áreas donde el piso de vinilo se encuentra con otras superficies.

**Entre los materiales para instalar** pisos de vinilo sin pegamento se incluyen un nivelador para pisos y componente para remiendos, cinta de doble cara reforzada, y un juego de sellado para trabajos mayores.

**Más grueso que el vinilo convencional,** las tiras de vinilo sin adhesivo están diseñadas para permanecer planas y en su lugar sin la necesidad de pegamentos u otro tipo de adhesivos.

**Deje los espacios para la expansión.** El vinilo debe ser cortado entre ³⁄₁₆ a ¼" de distancia de todas las superficies verticales (paredes, gabinetes o tuberías) para permitir el movimiento normal y expansión del piso y paredes. Use una sierra de vaivén para cortar la parte inferior de los marcos de las puertas para permitir la expansión. El vinilo no debe quedar en contacto con la superficie de la pared detrás del marco de la puerta. Ensaye el encaje del vinilo sin pegamento y luego retírelo con cuidado.

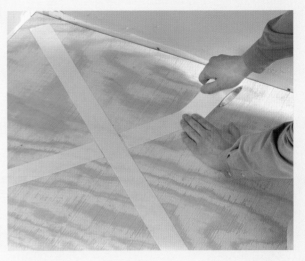

**Coloque la cinta con doble** cara de adhesivo en áreas donde se van a instalar electrodomésticos pesados como refrigeradores y estufas. Haga una X con tres trozos de cinta (un trozo largo y dos cortos) para no traslapar la cinta. Coloque la misma cinta a las entradas de las puertas y debajo de las líneas de unión. Deje el papel de cubierta en su lugar y presione la cinta hacia abajo para adherirla correctamente al subsuelo.

**Centre la cinta entre ambos** lados de las uniones. Presione primero un lado del vinilo en su lugar. Luego presione el segundo vinilo. Utilice el equipo de sellador para cerrar las uniones.

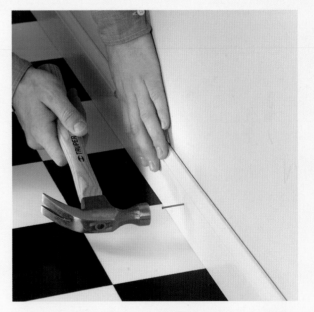

**Clave puntillas sobre la superficie** de la pared —no sobre el vinilo en el piso— cuando vaya a instalar la moldura o base del piso. Si clava el perímetro del piso con puntillas, puede crear protuberancias sobre la superficie cuando se expande o encoge. Tampoco presione la moldura contra el piso. Deje un pequeño espacio entre la moldura y la superficie del vinilo para no presionarlo.

# Cómo instalar una tira completa de vinilo

**Corte la tira de vinilo** siguiendo las técnicas descritas en la página 178 (pasos 1 a 5), luego coloque la tira de vinilo en su posición. Deslice los bordes debajo de los marcos de las puertas.

**Remueva la mitad de la tira.** Aplique una capa de adhesivo para el piso sobre la base o la vieja superficie con un palustre con muescas en forma de "V" de ¼". Coloque el vinilo sobre la capa de adhesivo.

**Aplane la sección adherida** con pegamento con un rodillo pesado para crear una unión más fuerte y eliminar burbujas de aire. Enrolle la parte no adherida, aplique el adhesivo, colóquela de nuevo en posición y aplánela con el rodillo. Limpie cualquier exceso de pegamento que aparezca alrededor de los bordes del vinilo usando un trapo mojado.

**Mida y corte las barras** de metal para los umbrales para colocarlos a lo largo de las entradas. Coloque cada barra sobre el borde del vinilo y clávelo en su lugar.

# Moldura de vinilo con cavidad

**La moldura de vinilo** con cavidad es común en los sótanos y en áreas húmedas debido a su resistencia a la humedad. Su apariencia plastificada y la limitada selección de colores disponibles la hacen poco deseable desde el punto de vista de diseño. La moldura es vendida en tiras y rollos y se instala con un palustre y adhesivo, o adhesivo de silicona (foto anexa).

**Para instalar la moldura,** aplique el adhesivo sobre la base de la moldura (no lo aplique sobre la pared). Si va a instalar moldura en rollo, desenrolle el material y aplánelo por una o dos horas antes de instalarlo. Después de pegar la moldura a la pared, aplane toda la superficie con un rodillo manual en forma de "J" (J-roller).

# Cortar la moldura de vinilo con cavidad

**Utilice una base de cartón** cuando vaya a cortar la moldura. Corte el material a la medida indicada usando una regla derecha como guía y una navaja con filo para hacer un corte preciso.

**En las esquinas interiores,** haga un pequeño corte sobre la parte trasera de la moldura desde arriba hacia abajo a la altura de la unión en la esquina. Haga una muesca en la parte de abajo de la marca y luego presione la moldura con firmeza sobre la esquina.

**En las esquinas exteriores,** caliente la moldura con un secador de cabello o pistola de calor, y luego dóblelo exponiendo la parte trasera del material. Haga un corte ligero de la capa de superficie interior. Tenga cuidado en no cortar a través de toda la moldura.

# Alfombra o tapete

La alfombra (o tapete) sigue siendo uno de los materiales más populares y versátiles para cubrir pisos. Casi que todas las viviendas tienen alfombra instalada de pared a pared por lo menos en una habitación. Está disponible en colores, diseños y estilos prácticamente ilimitados. También puede ser fabricada al gusto del consumidor para expresar un gusto y diseño exclusivo. La mayoría es fabricada a base de nylon, pero el acrílico y el poliéster también son comunes. La alfombra de lana es más exclusiva y costosa, pero también es popular.

Uno de los atractivos de la alfombra es su suave textura. Es un material placentero al caminar, en especial con los pies descalzos, debido a su suavidad y cálida temperatura, y también es muy cómoda cuando los niños juegan sobre ella.

Debido a su capa acolchonada por debajo de la superficie, ayuda a reducir la "fatiga al caminar".

La alfombra absorbe más ruido que cualquier otra clase de pisos, disminuyendo por lo tanto el ruido entre habitaciones. También actúa como material aislante natural y disminuye la pérdida de calor a través de los pisos. Cuando se instala de pared a pared, puede incrementar el valor del nivel total de aislamiento de una habitación.

La alfombra ofrece inmensidad de ventajas en el diseño. Su superficie no resbalosa ayuda a reducir las caídas, lo cual es importante para personas con limitaciones al caminar. Tampoco produce brillos o reflejos ayudando a quienes tienen limitaciones visuales.

## Compra de la alfombra ▸

Al escoger el material, considere tanto el color como el diseño del patrón. Los colores y tonos claros muestran la mugre y las manchas con más facilidad, pero también dan la sensación de espacios más amplios y abiertos. Los colores oscuros y con patrones múltiples no muestran tanto la mugre o el uso, pero dan la apariencia de un área pequeña.

Los materiales y la forma de construcción afectan su durabilidad. En las áreas de mucho tráfico, como en los pasillos y entradas, un material con fibra de alta calidad durará mucho más tiempo. La construcción (la forma como las fibras son unidas a la base), impacta la resistencia al uso y la apariencia.

El ancho de la alfombra también puede afectar su decisión en el momento de la compra (el ancho de un rollo que cubre toda la habitación elimina la necesidad de uniones). Cuando no

pueda evitar las uniones, calcule el área total de instalación y agregue un 20% de material para las uniones y desperdicio.

El tipo de alfombra escogido determinará la clase de espuma usada en la base. Lea las recomendaciones de los fabricantes impresas en las etiquetas. Debido a que la alfombra y la espuma trabajan en conjunto para crear la superficie final, instale la mejor espuma que pueda comprar y que se combine bien con la alfombra. Además de hacerla más confortable al caminar, también la hace más silenciosa y calurosa. Una espuma de buena calidad reduce el desgaste de la alfombra.

Las etiquetas en el producto normalmente le informan la composición de la fibra, los anchos disponibles (por lo general 12 ó 15 pies), el tipo de tratamiento contra manchas y otros acabados aplicados, así como la garantía del producto.

**La finesa y comodidad al caminar** sobre una alfombra instalada de pared a pared es imposible de superar. Es un material muy popular para instalar en sótanos con pisos de concreto, pero antes de instalarla, asegúrese de que no tiene ningún problema con el agua o la humedad.

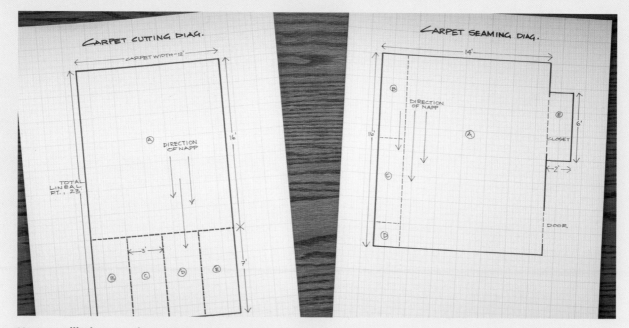

**Haga un dibujo a escala** de la alfombra como viene de fábrica, y otro del área de instalación. Utilice los dibujos para planear los cortes y determinar cómo se distribuirán las piezas de la alfombra. En la mayoría de las habitaciones grandes, la instalación incluirá una pieza grande de alfombra del ancho original de fábrica, y varias tiras más pequeñas son unidas permanentemente a la pieza mayor. Cuando realice el dibujo de instalación, recuerde que debe cortar las piezas pequeñas un poco más grandes para dejar material de sobra para hacer la unión y para el desperdicio ocurrido al cortar. Los diseños finales determinarán la longitud de material que necesitará comprar.

Fibra inclinándose lejos de la vista

Fibra inclinándose hacia la vista

**Mantenga constante la** inclinación de la fibra. La fibra de la alfombra por lo general viene inclinada y esto afecta su apariencia desde diferentes ángulos, y cómo la luz se refleja en la superficie. Siempre coloque las tiras en la misma dirección.

**Mantenga uniforme los** estampados del diseño cuando haga las uniones. Por tal razón producirá más desperdicio de material al instalar material con estampado. Por ejemplo, en un estampado que se repite cada 18", cada pieza debe ser 18" más grande para asegurar que el estampado queda alineado. Las medidas de los patrones que se repiten son señaladas en las muestras de las alfombras.

**Adicione unas 3"** de material de sobra a las piezas que va a utilizar en las uniones. Esto ayuda a crear cortes derechos en los bordes.

**Adicione 6" por cada** borde que va a instalar alrededor de las paredes. Este sobrante se descartará cuando la alfombra sea cortada al tamaño exacto de la habitación.

**Los pisos al interior** de los closets por lo general son cubiertos con otro tipo de alfombra que se une a la alfombra principal en el resto de la habitación.

Contrahuella

Elevación

**Para cubrir las escaleras**, sume la medida de la elevación y contrahuella de cada escalón para establecer la cantidad de material necesario. Mida también el ancho total de la escalera para determinar cuántas tiras debe cortar del rollo. Por ejemplo, para una escalera de 3 pies de ancho, puede cortar tres tiras de un rollo de 12 pies de ancho dejando material suficiente para el descarte. En lugar de unir las puntas de las tiras, haga la instalación de tal forma que las uniones quedan escondidas por debajo de las contrahuellas (ver la página 207). En lo posible instale una sola tira para cubrir toda la escalera.

# Herramientas y materiales para la instalación de la alfombra

Para instalar una alfombra se requiere de una serie de herramientas especiales. Entre ellas se destaca la herramienta manual para halar la alfombra (knee kicker). Todo lo que necesita para hacer la instalación podrá conseguirlo en los centros de alquiler o almacenes de venta del material.

En adición a la alfombra, la espuma de base es el material más importante que necesitará. La espuma ayuda a sentir la alfombra más confortable y sirve como un aislante contra el ruido. También evita que el aire caliente se escape a través del suelo y por lo tanto mantiene la alfombra más caliente durante el tiempo de invierno. Al acolchonar las fibras de la alfombra, la espuma reduce el desgaste del material y extiende la vida del mismo. Siempre utilice una espuma de buena calidad.

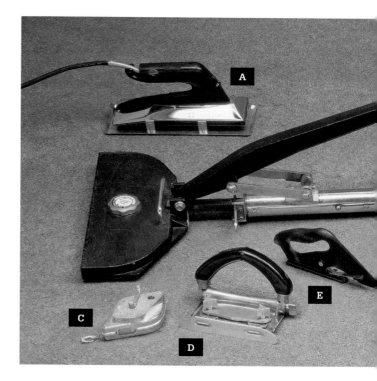

**Entre este tipo de herramientas se incluyen:** Plancha para las uniones (A), extensor mecánico y extensiones (B), cuerda de tiza (C), cortador de bordes (D), cortador para alfombra (E), navaja (F), herramienta para incrustar la alfombra (G), martillo (H), extensor manual para halar la alfombra —knee kicker— (I), tijeras para latón (J), tijeras (K), grapadora (L).

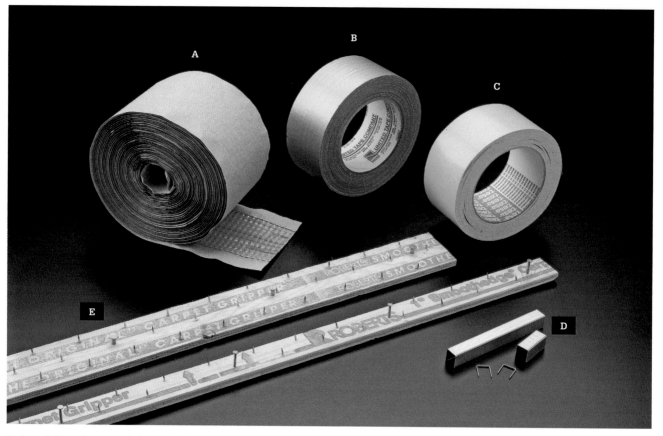

**Entre el tipo de materiales se incluyen:** Cinta para las uniones aplicada con calor (A), cinta de tela (B), para sellar la espuma de base; cinta con adhesivo en ambas caras (C), para asegurar la espuma a la base de concreto; grapas (D), para clavar la espuma o la base; y las tiras de clavado (E), para asegurar los bordes de la alfombra después de estrecharlos.

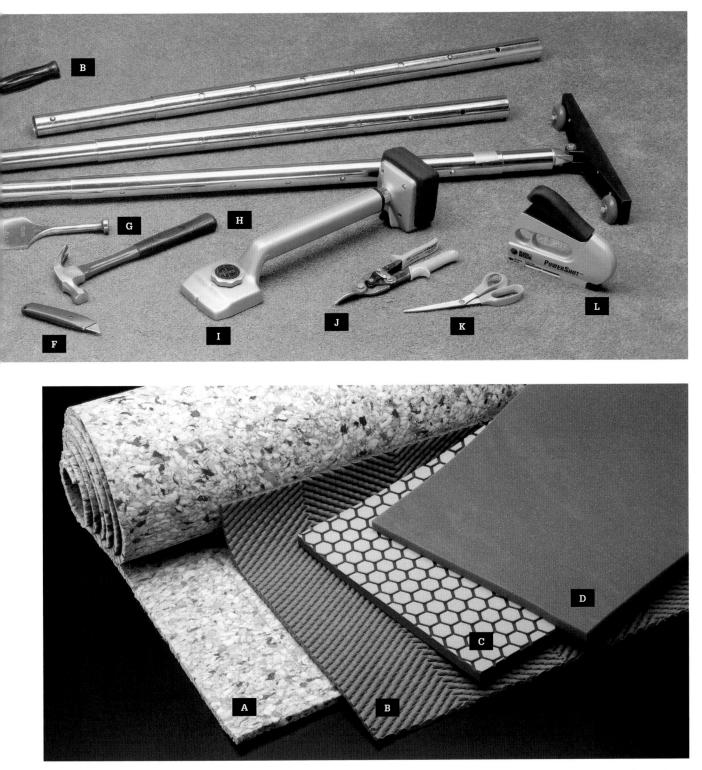

**La espuma de base de la alfombra** viene en muchas variedades, incluyendo la espuma con adhesivo de uretano (A), esponja de caucho (B), espuma con injerto (C), y uretano de alta calidad (D). La espuma con adhesivo de uretano es apropiada para zonas de poco tráfico, mientras que la espuma con injerto y la de alta calidad son recomendadas para el uso intensivo. En general las alfombras con diseño de fibra cortada, cortada y en bereber, y de bereber elevado, funcionan mejor con esponjas con adhesivo o de alta calidad, o con esponjas de caucho con menos de $7/16$" de espesor. Para las alfombras en bereber o con bases duras, utilice una espuma con adhesivo de uretano de $3/8$" de espesor o esponja de caucho. La base de esponja es calibrada de acuerdo a la densidad: entre más densa, mejor es su calidad. La base de caucho es calibrada según el peso: entre más pesada, es mejor.

# El uso de las herramientas

El extensor manual y mecánico son las dos herramientas más importantes para instalar alfombras. Son utilizados para estrechar el material hasta dejarla lisa y tirante antes de asegurarla contra las tiras de madera de clavado instaladas alrededor del perímetro de la habitación.

El extensor mecánico es el más eficiente entre las dos, y debe ser utilizado para estrechar y asegurar la alfombra lo más posible. El extensor manual (knee kicker), es utilizado para estrechar la alfombra en áreas pequeñas donde la otra herramienta no puede ser usada, como al interior de closets.

Establecer una secuencia lógica para estrechar la alfombra es esencial para una buena instalación. Comience clavando el material contra una esquina o una entrada, luego use el extensor mecánico y manual para halar la alfombra lejos del lugar donde la ha clavado hacia las paredes opuestas.

**Entender el uso correcto** de las herramientas especiales, como el extensor manual (knee kicker), es esencial para una buena instalación.

# Cómo usar un extensor manual para alfombra (Knee Kicker)

**Un extensor manual** (knee kicker) tiene dientes para agarrar la base de alfombra para estrecharla. Puede ajustar la profundidad de los dientes girando el mango sobre la cabeza de la herramienta. Los dientes deben quedar lo suficientemente profundos para agarrar la base de la alfombra sin penetrar la espuma por debajo.

**Coloque la cabecera de la** herramienta alejada unas pulgadas de la pared para evitar desclavar las tiras de madera por debajo. Luego golpee la punta acolchonada de la misma con la rodilla para estrechar bien la alfombra. Ajuste la alfombra contra las tiras de clavado para sostenerla en posición.

# Cómo usar el extensor mecánico

**Coloque las piezas para armar la herramienta** sobre el suelo con la parte trasera en el lado de la alfombra que ya está asegurada al piso, y la cabecera al lado de la pared opuesta. Junte las puntas de las secciones.

**Conecte una o más extensiones** hasta que la parte trasera descanse contra la pared inicial o bloque, y la cabecera colocada a unas 5" de distancia de la pared opuesta.

**Ajuste los dientes de la cabecera** para permitir que agarre la base de la alfombra (ver el Paso 1 en la página opuesta). Baje la palanca en la cabecera para extender la alfombra. La cabeza de la herramienta deberá mover la alfombra unas 2".

# Instalar las transiciones de la alfombra

Las puertas, las entradas, y otras áreas de transición requieren de un tratamiento especial al instalar la alfombra. Los tipos de materiales usados y las técnicas de instalación varían según el nivel y clase de piso a unir.

Para hacer una transición hacia una superficie con la misma altura o inferior como la base de la alfombra, instale una barra de metal para alfombra sobre el piso para asegurarla al interior de la barra. Esta transición es común en situaciones cuando la alfombra se junta a un piso de vinilo o cerámica. Las barras son vendidas en tamaños estándares del ancho de las puertas o en tiras largas.

Para hacer una transición sobre un piso más alto que la parte inferior de la alfombra, utilice tiras de clavado como si la superficie del piso a unirse fuera una pared. Esta acción es común cuando la alfombra se encuentra con pisos de madera.

Para hacer una transición hacia otra alfombra de la misma altura, una las dos secciones con cinta de adhesivo con calor.

Para hacer una transición de alfombras de diferentes texturas y alturas a la altura de una puerta, instale tiras de clavado y umbrales de madera (ver abajo). Los umbrales están disponibles con los agujeros ya perforados y listos para ser instalados con tornillos.

**Barra de metal para la alfombra**

**Tira de clavado por debajo**

**Cinta de adhesivo de calor para uniones**

**Umbral de madera**

# Cómo hacer transiciones con barras de metal para alfombra

**Mida y corte la barra** para la alfombra para colocar el umbral. Use una sierra para metales. Clave la pieza en su lugar. En las entradas, la pestaña del metal que mira hacia arriba debe descansar directamente debajo del centro de la puerta cuando está cerrada.

**Desenrolle, corte y una** la alfombra. Enrolle la alfombra en el área de transición y haga la marca para el corte. El borde del material debe quedar entre ⅛ a ¼" más corto que la esquina de la barra para extenderla hacia la misma.

**Utilice el extensor manual** para estirar la alfombra y ajustarla bien en la esquina de la barra. Presione la alfombra sobre los ganchos con la herramienta para ajustarla. Doble la pestaña sobre la alfombra golpeándola con un martillo y un bloque de madera.

# Cómo hacer transiciones con tiras de clavado

**Instale la tira de clavado** dejando un espacio igual a las ⅔ partes de espesor de la alfombra para el corte. Desenrolle, corte y junte la alfombra. Marque el borde de la misma entre la tira de clavado y el piso adyacente a ⅛" más allá del punto donde se junta con el piso adyacente.

**Use una regla derecha** y una navaja para cortar el exceso de material. Estire la alfombra hacia la tira de clavado con un extensor manual y luego presiónela al interior de los ganchos.

**Ajuste el borde de la alfombra** al interior del espacio entre la tira de clavado y el piso existente. Utilice la herramienta para incrustar la alfombra.

# Cómo instalar las tiras de clavado

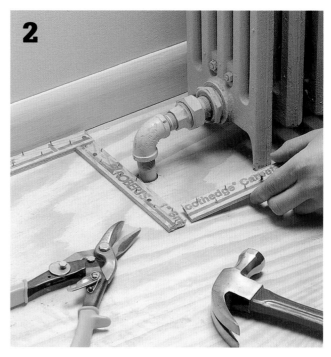

**Comenzando en una esquina,** clave las tiras al piso manteniendo un espacio entre las piezas y las paredes más o menos ⅔ del espesor de la alfombra. Utilice trozos de contrachapado como separadores para mantener la distancia pareja. Los ganchos en las tiras deben apuntar hacia la pared.

**Utilice tijeras para cortar** latón para cortar las tiras que va a instalar alrededor de las molduras de puertas, sistemas de calefacción u otros obstáculos.

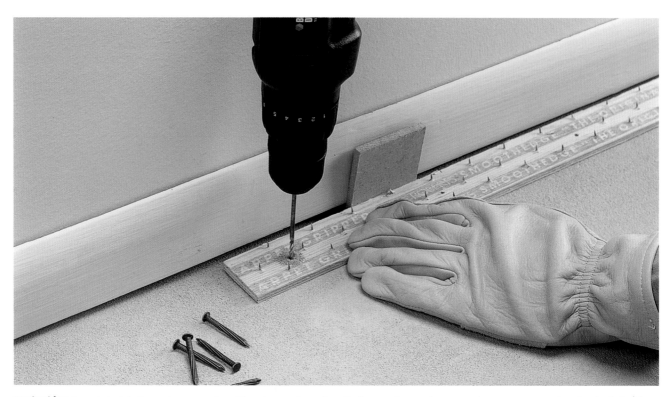

**Variación:** Cuando instale tiras sobre concreto, utilice piezas más anchas. Perfore agujeros guía con una broca para concreto a través de las tiras y al interior del concreto. Clave las tiras con puntillas estriadas para concreto de 1½".

# Cómo instalar la espuma de base para la alfombra

**1**

**Desenrolle suficiente espuma** para cubrir todo el piso. Las uniones entre las tiras deben quedar bien ajustadas. Si una cara de la espuma es más resbaladiza que la otra, deje ese lado hacia arriba para poder deslizar la alfombra con mayor facilidad durante la instalación.

**2**

**Utilice una navaja** para cortar el exceso de espuma a lo largo de los bordes. La espuma debe tocar, pero no traslapar, las tiras de clavado.

**3**

**Junte las uniones de la espuma** con cinta de tela, luego clave la espuma al suelo con grapas cada 12".

**Variación:** Para adherir la espuma sobre una superficie de concreto, instale cinta con adhesivo en ambas caras al lado de las tiras de clavado, a lo largo de las uniones, y en forma de X en el resto del piso.

# Cómo cortar y unir la alfombra

**Coloque el rollo de alfombra** contra la pared, con el lado suelto extendido sobre la pared vertical unas 6". Desenrolle la alfombra hasta llegar a la pared opuesta.

**Al llegar a la pared opuesta,** haga una marca sobre la parte trasera en cada borde a unas 6" por encima del punto donde la alfombra toca la pared. Retire la alfombra de la pared para hacer las marcas visibles.

**Variación:** Cuando corte alfombra con fibra en bereber, evite desbaratar los rizos cortando el material desde la superficie usando un cortador especial para la alfombra. Doble el material a lo largo de la línea de corte para dividir la fibra (izquierda) y hacer el corte. Coloque la alfombra sobre el piso y haga el corte a lo largo de la división de la fibra (derecha). Haga el corte despacio para dejarlo suave y recto.

**Trace una línea con la cuerda** de tiza en la parte trasera de la alfombra para unir las marcas. Coloque una tira de madera por debajo de la alfombra para proteger el material y la espuma en el momento de hacer el corte. Use una regla como guía para hacer un corte derecho.

**Al lado de las paredes**, hale el borde de la alfombra y sosténgala con suavidad con los pies hasta dejarla extendida unas 6" sobre la pared dejándola también paralela sobre la misma.

**En las esquinas,** haga un corte transversal cortando el material diagonalmente con una navaja. Aplane la alfombra contra el piso lo más posible. No debe hacer el corte al interior del área que va a utilizar.

**Usando el plano de uniones** como guía, mida y corte los retazos de alfombra suficientes para terminar la instalación. Siempre debe dejar 6" de sobra en cada pared, y 3" en cada borde que va a ser unido a otra pieza de alfombra. Coloque las tiras cortadas en su lugar dejando la fibra de la superficie siempre apuntando en la misma dirección.

(continúa)

**Enrolle la pieza grande de alfombra** sobre el lado que va a ser unida, luego utilice la cuerda con tiza para trazar una línea de marca a unas 2" de distancia del borde original (el borde con que viene de la fábrica). Mantenga las puntas de la línea de marca a unas 18" de distancia de los lados de la alfombra donde el traslapo en las esquinas hace que la alfombra se curve.

**Use una regla derecha y una navaja** para cortar con cuidado el material a lo largo de la línea con tiza. Para extender los cortes hasta los bordes de la alfombra, hale las esquinas en ángulo para que queden planas, luego haga el corte con la regla y la navaja. Coloque un trozo de madera debajo del área de corte para proteger el material mientras lo corta.

**Para cortar las tiras pequeñas** de alfombra, corte en forma derecha los lados de las piezas que se van a juntar. No corte los bordes de los lados que van a unirse con la pieza principal (con la más grande) después de haber unido todas las piezas pequeñas.

**Opción:** Aplique una capa continua de adhesivo para uniones por debajo de los bordes cortados para evitar que el material se deshilache.

**Conecte la plancha** para hacer las uniones y déjela calentar. Mida y corte la cinta para pegado con calor para todas las uniones. Comience uniendo las piezas pequeñas hasta formar una grande. Centre la cinta debajo de las uniones con el adhesivo boca arriba.

**Coloque la plancha debajo** de la alfombra en una punta de la cinta hasta que el adhesivo se licue, por lo general en 30 segundos. Trabaje en secciones de 12" de tamaño y mueva la plancha lentamente a lo largo de la cinta dejando que la alfombra repose sobre el adhesivo a medida que la pasa. Coloque algo pesado al final de la unión para mantener las piezas juntas.

(continúa)

**Presione los bordes de la alfombra** sobre el adhesivo derretido a medida que pasa la plancha. Separe la fibra con los dedos para que no se peguen al adhesivo y para dejar la unión bien ajustada. Luego coloque un madero pesado sobre la unión para mantener plana la alfombra mientras que se seca el adhesivo.

**Variación:** Para cerrar los espacios dejados sobre las uniones en alfombras con fibra en forma de bereber, utilice un extensor manual para empujar con cuidado los bordes unos a otros mientras que el adhesivo está todavía caliente.

**13**

**Continúe cerrando las piezas pequeñas.** Después que el adhesivo se haya enfriado, voltee la pieza unida y haga otro corte como se indica en los pasos 7 y 8. Vuelva a calentar la cinta y quite más o menos 1½" de la punta de cada unión para evitar que se traslape con la cinta de la pieza grande.

**14**

**Utilice la cinta para pegado** con calor para unir las piezas pequeñas a la pieza grande repitiendo los pasos 10 a 12.

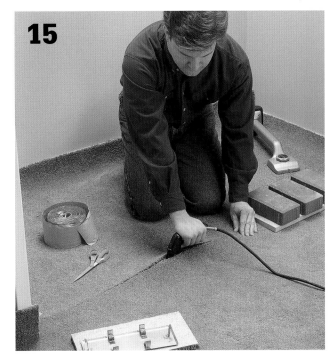

**15**

**Si va a instalar alfombra** en un closet, corte la pieza y únala a la alfombra principal con cinta para pegado con calor.

**16**

**Para trabajar alrededor de sistemas** de calefacción, tuberías y otras obstrucciones, haga cortes desde el borde de la pieza hasta llegar a la obstrucción, luego haga cortes pequeños en cruz donde el material va a cubrir alrededor de la obstrucción.

## Paredes divisorias ▸

**Para instalar alfombra alrededor** de paredes divisorias (donde las paredes o marcos se encuentran con el piso), haga cortes diagonales desde el borde de la alfombra en el centro de la pared hasta los puntos donde los bordes de la pared se topan con el piso.

# Cómo extender y asegurar la alfombra

**Antes de extender la alfombra unida,** lea por completo esta sección y elabore una secuencia para la extensión similar a la aquí mostrada. Comience asegurando la alfombra al umbral de la puerta por medio de las piezas de transición (vea las páginas 192 y 193).

**Si la puerta está cerca a una esquina,** utilice el extensor manual para asegurar la alfombra a las tiras de clavado ubicadas entre la puerta y la esquina. También asegure unos cuantos pies de alfombra a lo largo de la pared adyacente (trabajando hacia el centro).

**Utilice un extensor mecánico** para extender la alfombra hacia la pared opuesta a la puerta. Soporte la parte posterior con un madero de 2 × 4 colocado a lo largo de la puerta. Dejando la parte trasera en esa posición y moviendo sólo la cabecera, continúe extendiendo y asegurando la alfombra a lo largo de la pared. Trabaje hacia la esquina más cercana en incrementos de 12 a 24".

**4**

**A medida que va extendiendo** la alfombra, asegúrela contra las tiras de clavado con un martillo o con una herramienta para incrustar el material.

**5**

**Con el extensor mecánico** todavía extendido desde la puerta hasta el lado opuesto de la habitación, use el extensor manual para asegurar la alfombra sobre las tiras de clavado a lo largo de la pared más próxima, comenzando en la esquina más cercana a la parte trasera del extensor. Desactive y mueva el extensor sólo si hace estorbo.

**6**

**Mueva el extensor dejando** la parte trasera en el centro de la pared que acaba de asegurar. Estire y asegure la alfombra a lo largo de la pared opuesta trabajando desde el centro hacia una esquina. Si existe un closet en la pared adyacente, trabaje hacia esa pared, no hacia el closet.

(continúa)

**Utilice el extensor manual** para estirar y asegurar la alfombra al interior del closet (si es necesario). Estire y asegure la alfombra primero contra la pared trasera, luego hágalo contra las paredes laterales. Después de estirar y asegurar la alfombra en el closet, use el extensor manual para asegurarla contra las paredes al lado del closet. Desactive y mueva el extensor sólo si hace estorbo.

**Regrese la cabeza del extensor** mecánico al centro de la pared. Acabe de asegurar la alfombra a lo largo de esta pared trabajando hacia la otra esquina de la habitación.

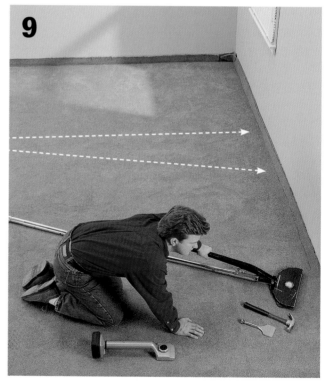

**Mueva el extensor para** asegurar la alfombra contra la última pared de la habitación comenzando desde el centro hacia las esquinas. El madero de base de la parte trasera debe recostarse contra la pared opuesta.

**10**

**Use un cortador de bordes** para quitar los excesos de material contra las paredes. Use una navaja para terminar las esquinas.

**Localice las salidas de ventilación** debajo de la alfombra y utilice una navaja para cortar y hacer el hueco. Comience a cortar en el centro. Esta parte debe ser realizada sólo cuando la alfombra ha sido estirada por completo.

**11**

**Incruste por completo los bordes cortados** de la alfombra en los espacios entre las tiras de corte y las paredes con la herramienta para incrustar y con un martillo.

# Cómo instalar alfombra en las escaleras

**Mida la escalera.** Mida el ancho y adicione la medida de las contrahuellas y elevaciones de los escalones para establecer la cantidad de alfombra necesitada. Use una regla derecha y una navaja para cortar el material a las medidas correctas.

**Instale las tiras de clavado** en las contrahuellas y elevaciones. En las elevaciones, clave las tiras a más o menos 1" arriba de la contrahuella. En las contrahuellas, clave la tira a ¾" de las elevaciones. Deje los ganchos de las tiras en dirección hacia el interior del escalón. Deje un espacio igual a ⅔ del espesor de la alfombra en la primera elevación inferior.

**Corte una pieza de espuma** al ancho del escalón y lo suficientemente larga para cubrir la contrahuella y unas pocas pulgadas de la elevación inferior. Clave la espuma con grapas en su lugar.

**Coloque la alfombra sobre** las escaleras con la dirección de la fibra apuntando hacia abajo. Asegure el borde inferior con la herramienta para incrustar. Incrústela entre la tira de clavado y el piso.

**Utilice el extensor manual** para estirar la alfombra hacia la tira de clavado en la primera contrahuella. Comience en el centro de la contrahuella alterne golpes a lado y lado hasta que la alfombra quede completamente segura sobre el paso.

**Utilice un martillo y la herramienta** para incrustar para meter la alfombra en forma bien ajustada en la esquina trasera de la contrahuella. Repita el mismo proceso en cada paso.

**En sitios donde se encuentran** dos piezas de alfombra, asegure primero el borde de la pieza superior, luego estire y asegure la pieza inferior.

# Piezas cuadradas de alfombra o tapete

La mayoría de las alfombras tienen un diseño uniforme, y al instalarse se estira de pared a pared. En términos generales, es el material que cubre más pies cuadrados en los pisos de las viviendas en los Estados Unidos comparado con cualquier otro material. Puede instalarla usted mismo siguiendo las instrucciones de las páginas 184 a 207. Pero, si desea tener más opciones con este suave material, los cuadrados de alfombra son una excelente alternativa.

Los fabricantes han encontrado formas de crear diseños atractivos con fibras recicladas. Esto no sólo utiliza material que podría terminar en los basureros, también reduce el desperdicio en el momento de la fabricación. Por lo tanto, en lugar de crear más problemas por el consumo de recursos y más polución, el uso de cuadrados de alfombras hechos de materiales reciclados ayuda a controlarlos.

Las piezas cuadradas son unidas entre sí y contra el piso con adhesivos de punto. Pueden ser instaladas sobre pisos limpios, nivelados y secos, o sobre pisos ya existentes. Si la superficie de instalación está cubierta con cera o barniz, consulte al fabricante antes de usar cualquier tipo de adhesivo.

## Herramientas y materiales ▸

Adhesivo / Escuadra
Cuerda con tiza
Utensilios de limpieza
Navaja
Lápiz o marcador

Cinta métrica
Regla derecha
Piezas cuadradas
  de alfombra
Trozo de madera

**Las piezas cuadradas de alfombras** combinan la comodidad y la calidez del material, con los diseños exclusivos y la fácil instalación y reemplazo. Pueden ser instalados de pared a pared o sólo en un área con estilo de tapete, como es mostrado en esta foto.

# Cómo instalar cuadrados de alfombras o tapetes

**1**

**Saque las piezas del empaque.** Por lo general puede almacenarlo hasta el momento de la instalación, pero algunos materiales como la alfombra o las tiras de vinilo, deben estar a la temperatura del sitio de instalación por lo menos 12 horas antes de iniciar el trabajo.

**2**

**Lea las instrucciones sobre** los adhesivos recomendados. Puede instalar estas piezas sobre muchas clases de pisos (incluyendo pisos de madera, laminados, tiras de piso elástico, o baldosas). Las piezas aquí mostradas son pegadas con adhesivo de punto y casi que cualquier superficie puede servir como base para el adhesivo.

**Los pisos existentes deben estar** limpios, suaves, estables y secos. Use un nivelador para pisos si es necesario para eliminar las protuberancias o vacíos. Si alguna parte del piso está suelta, asegúrelo contra el subsuelo antes de instalar las piezas. Aspire la superficie y límpiela con un trapo húmedo.

**4**

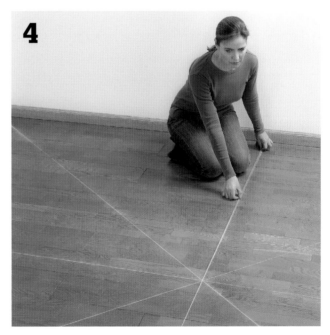

**Trace líneas con la cuerda** con tiza entre las esquinas opuestas diagonales para ubicar el punto central de la habitación. En áreas con variedad de formas, determine y marque visualmente el punto central. Luego marque con la cuerda con tiza líneas a lo largo del centro y perpendicular a las paredes. Las guías le indicarán dónde comenzar.

(continúa)

**Coloque una hilera de base** en cada lado de las dos líneas de guía. Cuando llegue a las paredes, determine cuánto material de la pieza tiene que cortar. Corte la misma cantidad a cada lado de la hilera. Si no es posible, ajuste el punto medio y acomode de nuevo las piezas.

**Revise la parte trasera** de las piezas antes de aplicar el adhesivo. Las piezas indican una dirección por medio de flechas y otras marcas para que la fibra de la superficie quede con igual consistencia y apariencia. Si va a combinar colores, este es el momento para establecer el patrón de diseño.

**Asegure las piezas al piso** con el adhesivo recomendado por el fabricante. En este ejemplo se utilizan dos adhesivos de punto por cada pieza. A medida que coloca cada tablero, compruebe que quedan alineados con las líneas de guía y bien ajustados unos a otros.

**Cuando llegue a una pared,** voltee el último tablero. Empújelo contra la pared hasta que quede bien ajustado. SI está planeando mantener un patrón continuo, alinee las flechas con las piezas instaladas. Si está creando un diseño en parqué, gire el tablero 90° antes de marcarlo.

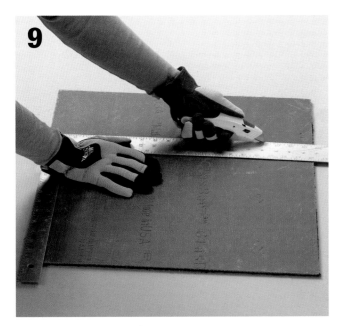

**9**

**Haga unas muescas o trace una línea** a lo largo de la parte trasera donde la nueva pieza traslapa la antepenúltima pieza. Use una navaja con filo y una regla derecha para hacer el corte sobre una superficie firme. La pieza cortada debe caber perfectamente en el espacio restante.

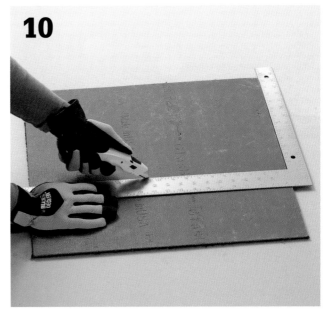

**10**

**En el marco de la puerta,** coloque un tablero con la cara boca arriba donde va a quedar instalado. Recueste la pieza contra el marco y marque donde se juntan. Mueva la pieza para encontrar el otro punto y márquelo también. Voltee la pieza y una ambas marcas con una línea usando una escuadra y luego corte la esquina.

**11**

**Termine las cuatro hileras de base** antes de llenar el resto de la habitación. A medida que trabaje, revise el alineamiento en cada hilera. Si nota que se está desviando, encuentre el punto donde comenzó el desvío, quite las piezas hasta esa posición y comience de nuevo.

**12**

**Trabaje hacia afuera a partir** del centro para tener un punto de referencia para mantener derechas las hileras. No descarte las piezas cortadas al final de cada hilera porque puede utilizarlas para cubrir variedad de espacios alrededor de las puertas, calentadores, tuberías, o cuando cubra las esquinas.

# Superficies y acabados finales

Una de las características más deseables de los pisos de madera es la de ser un producto natural. Las vetas con diseños interesantes, así como la combinación de colores, brindan a las áreas donde se instala, una apariencia agradable y un brillo acogedor. La fortaleza de las fibras de la madera permite que este material sea extremadamente durable, pero son también propensas a los cambios causados por la humedad y el pasar del tiempo.

Por lo general lo primero que se desgasta en los pisos de madera es su acabado. Volver a reconstruir la superficie alquilando una lijadora apropiada, y luego aplicando una capa a la superficie (como de poliuretano), hará lucir el viejo piso como nuevo. Si desea mantener el brillo antiguo del piso sin lijarlo, o si los maderos ya han sido lijados anteriormente y tienen menos de ⅜ de pulgada de espesor, considere quitar todo el piso.

Después de terminar el piso, puede adornarlo con algún diseño exclusivo, un borde, u otro tipo de decoración. Si la madera no va a lucir como se espera después de reconstruirla, puede también pintarla. En las páginas 214 a 217 se ofrecen excitantes formas para diseñar a su manera los pisos de madera.

## En este capítulo:

- Tinturas y acabados de los pisos
- Pintar pisos de madera
- Terminar los pisos de concreto
- Restauración de pisos de madera

# Tinturas y acabados de los pisos

La tintura es aplicada a la superficie de un piso sin terminar para cambiar su color por una variedad de tonos de madera naturales. Las tinturas de colores también pueden aplicarse sobre pisos previamente pintados para darles un efecto delicado y sutil a la madera. Considere utilizar una tintura de color que se combine con el resto de la decoración; los tonos verdes se mezclan muy bien con decoraciones rústicas, mientras que el blanco adiciona un tono contemporáneo.

Puede utilizar tinturas a base de agua que son creadas para una fácil aplicación sin dejar marcas o rayones. Los suavizantes también previenen los rayones y controlan el brote de la veta cuando está usando tinturas para madera a base de agua. Aplique un suavizante para madera sobre el material antes de pintar con tinturas (si es recomendado por el fabricante).

También puede pintar la madera en forma superficial con pintura de látex diluida. Esta solución será considerablemente más sutil en cuanto a su intensidad comparada con el color original de la pintura. Mezcle una parte de pintura de látex con cuatro partes de agua para crear la solución, y experimente con pequeñas cantidades de pintura hasta lograr el color deseado. Aplique la tintura (o pintura diluida) en un área escondida, como en un closet, para ensayar el mejor método y color antes de pintar todo el piso.

Las superficies añejadas (vea la página 217) dan a los pisos un tono de desgaste apropiado para diseños y decoraciones rústicas. Aún cuando puede parecer envejecido y frágil, este tipo de acabado es muy durable. También son apropiados en superficies previamente pintadas o cubiertas con tinturas, pero pueden utilizarse en superficies nuevas o reconstruidas. Puede usar hasta tres capas de pintura de diferentes colores.

## Herramientas y materiales ▸

| | |
|---|---|
| Brocha sintética | Tintura a base de agua |
| Esponjas para pintar | o pintura de látex |
| Guantes de caucho | Acabados transparentes |
| Almohadilla para | satinados o brillantes |
| pintar y extensión | Esmaltes de látex |
| Lijadora mecánica | Rodillo para pintar |
| Lija fina y de | Martillo |
| grado medio | Formón |
| Aspiradora | Punzón |
| Trapo o tela afelpada | |

**Aplicar una tintura sobre la madera** es una buena forma de llevar la atención hacia la bella textura y color del material.

# Variaciones de tinturas para la madera

**La madera con tonos** oscuros es apropiada para las habitaciones tradicionales. Un tono blancuzco aplicado sobre una tintura oscura le da un toque más informal a toda la superficie.

**Los tonos medios y cálidos** tienen una apariencia informal. Si aplica un tono blancuzco sobre un tono medio de madera, dará como resultado una apariencia antigua.

**Las tinturas neutrales** y pálidas son por lo general utilizadas en habitaciones contemporáneas. Si aplica un tono azulado, puede darle al piso un carácter más fuerte.

# Cómo aplicar tintura sobre un piso sin revestimiento

**Lije la superficie del piso** con una lija de grado fino en la dirección de la veta. Remueva el aserrín producido con una aspiradora y luego limpie la superficie con un trapo o tela afelpada especial para remover polvo.

**Prepare y aplique la tintura.** Utilice guantes de caucho cuando trabaje con esta clase de productos. Revuelva por completo la tintura o la solución. Aplíquela sobre el piso con una brocha con cerdas sintéticas o con una esponja. Trabaje en secciones pequeñas a la vez. Mantenga el borde mojado y evite traslapar las pasadas con la brocha.

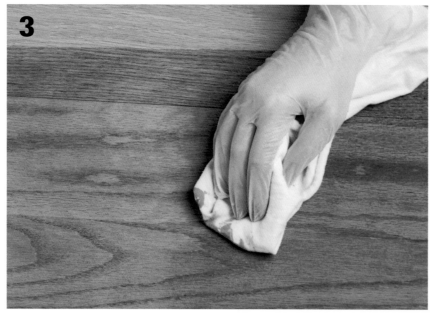

**Limpie el exceso de tintura** después que ha pasado el tiempo recomendado por el fabricante con un trapo sin pelusa (o hilachas). Limpie primero en dirección lateral de la veta y luego en el sentido de la misma. Continúe limpiando hasta terminar toda la habitación. Deje secar la tintura. Lije levemente el piso con una lija de grado fino, y luego remueva el polvo creado con un trapo o tela afelpada. Si desea un color más profundo, aplique una segunda capa de tintura y luego déjela secar por completo.

**Aplique una capa de** barniz brillante transparente para acabado sobre el piso con una esponja o una almohadilla con extensión. Deje secar el barniz. Lije levemente el piso con una lija de grado fino, y luego remueva el polvo creado con un trapo o tela afelpada. Aplique dos capas de satín transparente de acabado según las instrucciones del fabricante.

# Cómo aplicar un acabado con apariencia envejecida

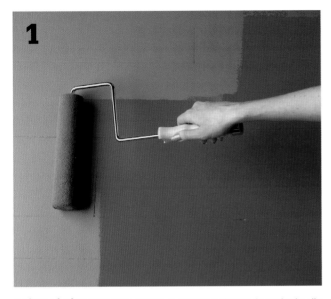

**Cubra el piso con una capa** de pintura o tintura de acabado. Lije levemente el piso con una lija de grado fino. Aspire el piso y remueva el polvo con un trapo o tela afelpada. Aplique dos o tres capas de esmalte usando un color diferente de pintura en cada capa. Deje secar la superficie entre capas. Lije levemente el piso con una lija de grado fino y remueva el polvo con un trapo o tela afelpada.

**Utilice una lijadora eléctrica** para lijar toda la superficie con una lija de grado medio. Lije con fuerza en algunas áreas para remover las capas de pintura superior e intermedia. Evite lijar más allá de la base de pintura o tintura.

## Opciones para colores creativos ▸

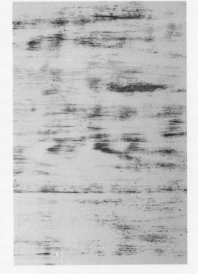

**Para hacer lucir el** piso aún más envejecido, golpéelo con un martillo o una cadena. Abra huecos al azar sobre los maderos con un formón o un punzón. Puede crear la cantidad de imperfecciones que desee. Luego lije el piso levemente con una lija de grado fino. Aplique dos capas de satín con acabado transparente dejando secar el piso por completo entre capas.

**Aquí se aplicaron dos** capas de pintura verde oscura sobre el piso ya cubierto con tintura. La lijada dejó ver la tintura en algunas áreas. Su apariencia física fue afectada aún más golpeándolo con un martillo, un formón y un punzón.

**En este caso se aplicó** una capa de base de color marrón y un rosado claro en la superficie, sobre un piso anteriormente pintado. La lijada creó una apariencia antigua ideal para la habitación de esta casa de campo.

# Pintar pisos de madera

Pintar los pisos es una forma económica y rápida de cubrir las superficies que ya no lucen lo mejor, pero no es necesario esperar hasta que esto suceda para beneficiarse de los resultados de un buen trabajo de pintura. Los pisos en buenas condiciones, tanto en espacios elegantes como informales, pueden ser decorados con pinturas para adicionar un toque de personalidad. Por ejemplo, es posible unificar un espacio pintando del mismo color con el piso de un pasillo hasta llegar a la base de la escalera. Los diseños con plantillas o acabados creativos pueden tornar una habitación grande en un área íntima y acogedora. También pueden aplicarse técnicas para esconder secciones desgastadas. En general, la pintura es un producto de acabado para los pisos relativamente poco costosa si está trabajando con un presupuesto limitado.

## Herramientas y materiales ▸

Laca disolvente
Base de pintura
Pintura de látex especial
   para pisos
Cinta ancha para pintar
Rodillo y bandeja
Brocha ancha de 4"
Extensión del rodillo
Raspador de pintura
Martillo / Escoba
Extensión para lijar
Espátula

Juego de punzones
Máscara contra polvo
Lija de grado fino
   y medio
Aspiradora
Trapo o tela afelpada
Varas para revolver
Abridor de pinturas
Sellador de poliuretano
Almohadilla para pintar
Regla derecha

**Rejuvenezca un piso desgastado** con una pintura de color brillante. La pintura no sólo puede esconder los daños, también adicionan un tono cálido y acogedor a la habitación.

# Cómo pintar pisos de madera

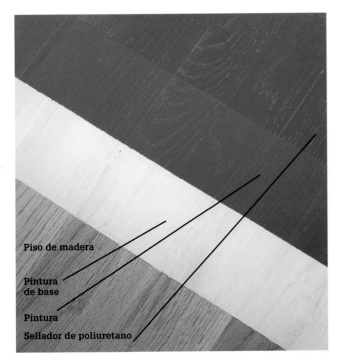

Piso de madera

Pintura de base

Pintura

Sellador de poliuretano

**Para pintar un piso de madera** debe aplicar primero una pintura de base, luego la pintura, y después el sellador de poliuretano. Debe comprobar que los productos que va a aplicar son fabricados específicamente para los pisos.

**1**

**Utilice un raspador de pintura** para suavizar las áreas ásperas. Utilice un poste de extensión para lijar en el mismo sentido de la veta de la madera. En pisos ásperos, use una lija de grado mediano. Lije los pisos con superficie brillante con una lija fina (grado 120) para una buena adhesión.

**2**

**Quite el polvo con una escoba** o una aspiradora. Use un trapo húmedo para remover el polvo más fino. Use un trapo humedecido con laca disolvente para la limpieza final. Clave las puntillas salidas con un martillo y un punzón.

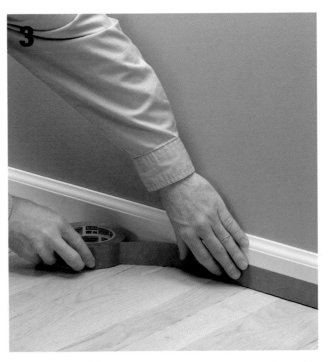

**3**

**Proteja las molduras** con cinta para pintar. Presione la cinta sobre la moldura para evitar la filtración de pintura en el interior.

(continúa)

**Mezcle la base para el piso** (ver el paso 5 para la técnica de mezclado). Utilice una brocha de 4" de ancho para aplicar la base alrededor del perímetro de la habitación. Pinte el resto de la superficie con un rodillo conectado a una extensión. Deje secar la base.

**Para mezclar la pintura,** vierta la mitad del contenido en otro envase revolviendo la pintura en ambos contenedores usando una vara de madera antes de unirla de nuevo. A medida que revuelve irá creando una suave consistencia.

**Al momento de pintar.** Utilice una brocha de 4" para pintar alrededor del borde. Pinte el resto de la superficie con un rodillo conectado a una extensión. Siempre mueva el rodillo de un área seca a una mojada para minimizar líneas traslapadas. Deje secar la pintura. Aplique una segunda capa. Deje secar de nuevo.

**Aplique 2 ó 3 capas** de sellador de acabado mate de poliuretano a base de agua usando una almohadilla para pintar unida a una extensión. Deje secar la pintura. Lije la superficie con una lija de grado fino unida a una extensión. Limpie el polvo con un trapo o tela afelpada.

# Cómo pintar un piso diseñado en forma de tablero

**Si el piso está en mala condición,** puede ser cubierto con un diseño similar a un tablero de ajedrez. Es muy importante hacer una buena preparación para mejores resultados. Si ya ha pintado el piso siguiendo las instrucciones de la primera parte de este proyecto, ya ha avanzado bastante y tiene listo el color de la base. Ahora sólo debe pintar los tableros oscuros.

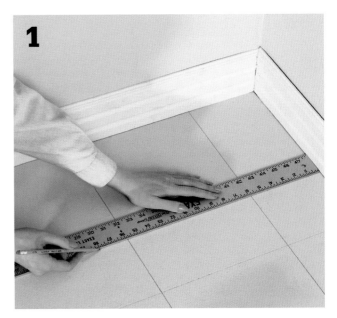

**Mida el piso por completo.** Determine el tamaño de los tableros que desea pintar. Diseñe el área para que los pisos con mayor visibilidad, como las entradas, queden con tableros completos. Deje los tableros cortados a lo largo de las paredes o en lugares menos notorios. Marque las líneas del diseño con una regla derecha y un lápiz.

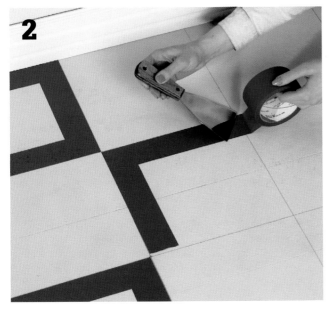

**Utilizando la cinta para pintar,** marque los tableros que van a quedar con el color claro. Presione la cinta con firmeza a lo largo de los bordes usando una espátula para mejor adhesión.

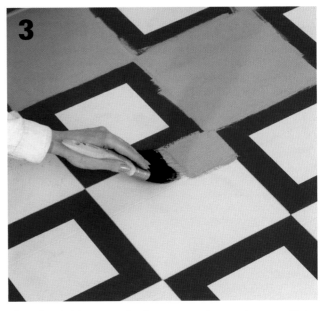

**Pinte los tableros restantes** con una pintura más oscura. Pinte áreas pequeñas a la vez. Después de pintar el tablero por completo y las cajas adyacentes, quite la cinta de los tableros pintados. Debe remover la cinta antes que la pintura se seque por completo. Después que toda la pintura se haya secado, aplique una capa de acabado transparente brillante con un rodillo o una almohadilla con extensión. Deje secar la pintura.

# Terminar los pisos de concreto

Si el piso de concreto no está perfectamente seco, liso y en buen estado, tiene variedad de opciones para mejorarlo. Una simple limpieza es la más fácil y obvia solución. En el caso de los pisos de concreto, puede llevar a cabo un proceso llamado 'aguadura' (etching) junto a una básica limpieza. Este sistema utiliza un ácido moderado para remover aceite, suciedad, y otras manchas que un detergente común no puede quitar. También es recomendado como tratamiento preparatorio para aplicar pinturas o tinturas a base de ácidos. Antes de poner en práctica este método debe remover por completo cualquier pintura existente y debe reparar cualquier rajadura o imperfección de la superficie.

Después de reparar, limpiar y aplicar el método de aguadura al piso de concreto, puede simplemente sellarlo. Existen diferentes opiniones en cuanto a la recomendación de llevar a cabo esta acción (los selladores eliminan la capacidad natural del concreto para respirar y puede causar problemas de humedad atrapada). Pero, debido a su uso frecuente y propenso a la mugre, se cree que una capa de sellador es de gran ayuda para hacer un buen mantenimiento.

Después de llevar a cabo la aguadura, pero antes de aplicar el sellador, es el momento de pintar (o aplicar la tintura a base de ácido si lo desea). Para pintar un piso de concreto con estas características use una base epóxica de dos componentes que puede mezclar usted mismo antes de la aplicación. La pintura puede ser aplicada con rodillos y brochas normales. Cada galón cubrirá aproximadamente 250 pies cuadrados y se seca en unas 48 horas. Cuando ha sido curada por completo, la pintura resistirá el aceite, fluidos de frenos, y otros químicos que gotean de los vehículos.

## Herramientas y materiales ▸

| | |
|---|---|
| Cepillo con cerdas duras | Bicarbonato de soda |
| Rodillo para pintar con mango largo | Lavador a presión |
| Protección para los ojos | Aspiradora |
| Tira de plástico y cinta | Pulidora eléctrica |
| Productos de acabado y limpieza | Manguera |
| Bomba de agua o atomizador | Cinta para pintura |
| Tarro grande de plástico | Brocha / Botas |
| Brocha de cerdas duras | Respirador |
| Aditivo contra resbaladas | Detergente |
| Pintura epóxica para pisos de dos componentes | Ácido muriático |
| Taladro con accesorio para mezclar | Guantes de caucho |
| | Sellador transparente |
| | Varas de madera para mezclar |

**La pintura con base epóxica** especialmente formulada le dará al piso de concreto una mejor apariencia a bajo costo, y viene en una variedad de colores para escoger.

# Herramientas y materiales para pintar pisos de concreto

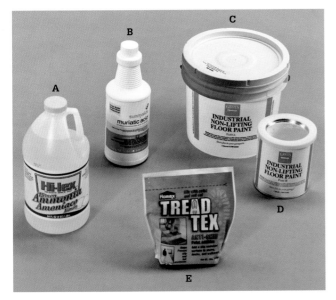

**Materiales de preparación y acabado:** Detergente con base de amoníaco para limpieza general de superficies de concreto (A); ácido muriático para la limpieza final antes de aplicar la pintura (B); pintura epóxica para el piso para mezclar Parte A (C), y Parte B (D); aditivo granulado contra las resbaladas (opcional) (E).

**Un lavador a presión** limpia el concreto sucio en forma rápida y eficiente antes de aplicar la pintura. Utilice este tipo de herramientas con cuidado. Si no se manejan correctamente, tienen el suficiente poder para crear daños en lugar de removerlos.

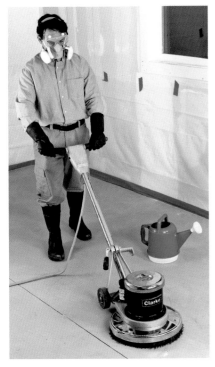

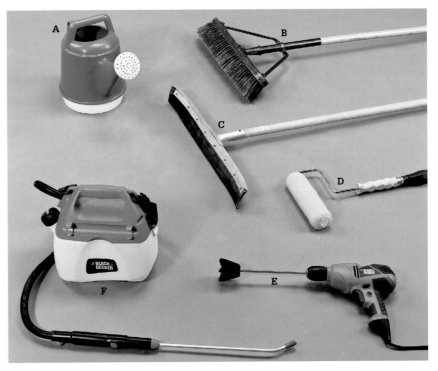

**Una pulidora eléctrica** puede ser alquilada para limpiar la mugre, los pisos manchados con aceite, y para ayudar a los productos químicos a penetrar al interior del concreto. Pueden ser un poco difíciles de manejar al principio, y es mejor practicar con agua antes de usarla con químicos.

**Entre las herramientas de uso general** utilizadas para la pintura y mantenimiento de los pisos se incluyen: un contenedor de plástico para esparcir químicos de limpieza y acabado (A); un cepillo grande (B); un exprimidor con mango largo (C); un rodillo con extensión larga (D); un taladro con accesorio para mezclar (E); un atomizador de plástico para jardín para aplicar tratamientos con químicos (F).

# Cómo limpiar y aplicar el método de aguadura sobre concreto

## Consejo de prueba ▶

**Pruebe el piso** para asegurarse que no hay humedad infiltrándose desde abajo. Pegue con cinta una tira grande de plástico contra el piso y déjela toda la noche. Si se forma condensación por debajo del plástico significa que hay infiltración y la pintura va a desprenderse. Pruebe el piso varias veces y en diferentes sitios para comprobar que está listo para pintarse.

**Enjuague el piso por completo** después de barrerlo o aspirarlo. Puede usar una manguera de jardín, o puede alquilar un lavador a presión para una limpieza más profunda. Aplique detergente contra la grasa y restriéguelo con un cepillo con cerdas duras para remover las manchas de aceite.

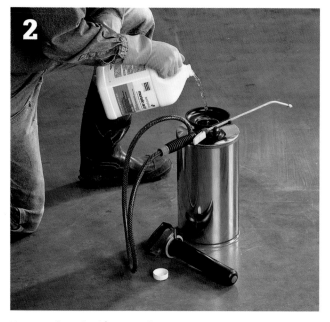

**Prepare la solución aguadura** a base de ácido vertiendo una taza de ácido muriático en una bomba para atomizar o una botella que contenga la cantidad de agua limpia recomendada para la mezcla (vea la etiqueta del contenedor para la mezcla correcta). Siempre adicione el ácido al agua. Nunca agregue agua al ácido. *Advertencia: Siga las instrucciones sobre seguridad en el manejo de ácidos todo el tiempo.*

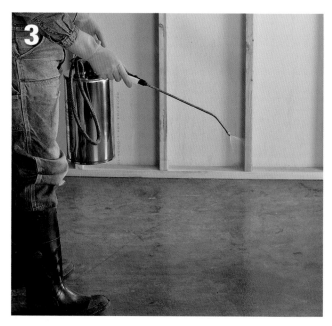

**Esparza la solución aguadura** con un atomizador o un contenedor o una botella de agua. Aplíquelo en forma pareja en áreas pequeñas donde no se secará antes que penetre dentro del concreto (se recomienda trabajar en áreas de 100 pies cuadrados a la vez).

**Esparza la solución de ácido** sobre la superficie usando un cepillo con cerdas duras o una pulidora eléctrica. Deje descansar el químico de unos 5 a 10 minutos. Cuando aparezca una espuma sobre la superficie indicará que el producto está actuando.

**Neutralice el ácido cepillando el piso** con una solución de bicarbonato de soda disuelta en agua (combine una taza con un galón de agua). Hágalo sólo después que toda la superficie ha sido tratada con aguadura.

**Enjuague el piso de concreto** por completo con una manguera y agua limpia, o con un lavador a presión. Enjuague el piso varias veces para mejores resultados.

**Aspire toda la superficie** con una aspiradora de agua después de terminar el enjuague. La aspirada ayuda a prevenir la acumulación de residuos después que el piso se ha secado.

# Cómo sellar un piso de concreto

**Después de aplicar el método** de aguadura, limpiar y secar el concreto, estará listo para el sellador transparente o el líquido repelente. Mezcle el sellador en un balde y revuélvalo con una vara de madera. Pegue cinta sobre el piso para hacer una prueba. Aplique sellador en el parche y déjelo secar para buscar el tono deseado. El sellador hace resbalosa la superficie cuando está mojada. Agregue un aditivo contra resbaladas para mejor tracción especialmente en las escaleras.

**Pegue cinta ancha para pintar** para proteger las paredes, luego use una brocha de buena calidad de 4" de ancha para pintar el perímetro con el sellador.

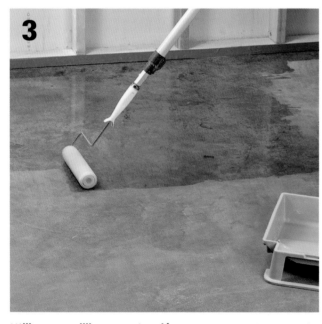

**Utilice un rodillo con extensión** con una espuma de al menos ½" para aplicar una capa pareja sobre la superficie. Trabaje sobre secciones pequeñas a la vez (de 2 × 3 pies de grande). Pase el rodillo en el mismo sentido (por ejemplo de izquierda a derecha). Evite las marcas de las pasadas manteniendo siempre un borde del rodillo mojado. No trabaje sobre un área cuando el químico esté parcialmente seco. Esto puede causar que se levante de la superficie.

**Deje secar la superficie** siguiendo las instrucciones del fabricante (por lo general de 8 a 12 horas mínimo). Aplique una segunda capa en la dirección opuesta de la primera. Si aplicó la primera capa de izquierda a derecha, ahora hágalo del frente hacia atrás.

# Cómo pintar un piso de concreto

**1**

**Mezcle la primera parte** (Parte A) de las dos partes de la pintura epóxica. Siga exactamente las instrucciones en cada etiqueta. Agregue la Parte B líquida a la Parte A y mézclelas con un taladro con accesorio para mezclar. Si va a agregar partículas contra resbaladas, hágalo en este momento y mézclelas bien.

**2**

**Pinte el perímetro de la habitación** con una brocha grande. Pinte todas las esquinas y por debajo de los bordes de las paredes. Esparza la pintura hacia los lados de las paredes con una brocha para evitar dejar marcas o líneas sobre la superficie.

**3**

**Pinte el piso con un rodillo** con extensión larga y con espuma corta. No pinte las capas muy gruesas; un par de capas delgadas en mejor que una gruesa. Después de la primera capa, cierre todas las puertas y no las abra hasta que la pintura se haya secado. Barra o aspire la superficie después que se seque la primera capa (la capa de base). Lleve puesto zapatos limpios y trate de quitar la mayor cantidad de mugre posible.

**4**

**Aplique la segunda capa de pintura** de la misma forma que aplicó la primera. Las instrucciones pueden variar, pero en general no es buena idea aplicar más de dos capas. Guarde la pintura restante para hacer retoques futuros en áreas de mucho tráfico.

# Restauración de pisos de madera

Restaurar los pisos viejos y gastados y hacerlos ver como nuevos otra vez mejora totalmente la apariencia de una vivienda. El hecho de que los pisos de madera pueden ser reparados por completo hasta llevarlos a su estado original es una de las verdaderas ventajas sobre otras clases de materiales para pisos. Este tipo de restauración es un proceso que lleva tiempo, crea mucho desorden y suciedad, e interrumpe su rutina casera. Dependiendo del tamaño del área a reparar, esté preparado para dedicarle al menos un fin de semana a este proyecto.

Si no desea llevar a cabo todo el proyecto, aún puede ahorrar dinero haciendo parte de la preparación. Los contratistas por lo general cobran extra por quitar o reemplazar molduras (ver la página 231), clavar o pegar molduras sueltas (página 239), llenar grietas o daños con masilla para madera (página 239), clavar las puntillas salidas o cubrir áreas con plástico (página 230), limpiar pisos o mover muebles.

*Nota: Si los pisos tienen menos de ½ pulgada de espesor, debe consultar un especialista en pisos para confirmar que la superficie puede soportar el proceso de restauración.*

## Herramientas y materiales ▸

Bandeja para pintar
Brocha para pintar
Almohadilla
  para pintar
Barra / Estacas
Cinta para pintar
Juego de punzones
Martillo
Pulidora circular
Bloque de lija
Raspador de pintura
Extensión de rodillo
Lijadora eléctrica
  para bordes y
  de banda

Retazo de madero
  de 2 × 4
Sierra orbital de 5"
Lija de varios grados
Escoba o aspiradora
Trapo o tela afelpada y
  trapos limpios
Acabado de poliuretano
Almohadilla abrasiva de
  grado fino y medio
Protección para ojos
  y oídos
Máscara contra polvo
  o Respirador

**Revitalizar los pisos de madera** es sin duda un trabajo arduo que vale la pena realizar. Después de restaurar la superficie deteriorada se dará cuanta por qué los pisos de madera son tan resistentes y duran tanto tiempo. Los resultados finales son maravillosos.

# Herramientas y materiales para la restauración de pisos de madera

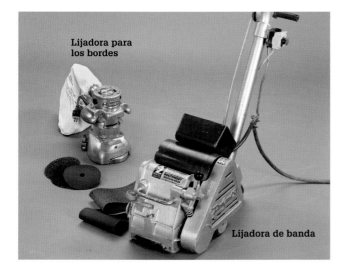

Lijadora para los bordes

Lijadora de banda

**Es necesario utilizar productos y herramientas** especiales para restaurar los pisos. Si la superficie ha sido afectada por una cantidad de rayones y golpes, o está cubierta por varias capas de tintura, es recomendable lijarla con una lija de banda y una para los bordes para pulir alrededor de las molduras de la base. Ambas herramientas pueden alquilarse en centros de construcción o almacenes especializados. Como regla general, utilice el papel de lija de grado más fino apropiado para el trabajo a realizar. Lea por completo las instrucciones de operación y seguridad en el momento de alquilar las máquinas.

## Tipos de acabado de madera ▸

**Acabado de la superficie**— Acabado aplicado sobre la superficie de madera. La capa ofrece mayor durabilidad que un sellador con una cubierta de cera. Se destacan el poliuretano (a base de agua o aceite), barniz, resina (shellac), y laca.

**Acabado penetrante**— Acabados penetrantes se introducen en los poros de la madera para convertirse en parte integral de la misma (tinturas o selladores).

**Tinturas**— Penetrantes que alteran la naturaleza del color de la madera. Pueden usarse con un acabado para la superficie o protegidas con un sellador y cera.

**Selladores**— Penetrantes transparentes o pintados. Deben ser protegidos con una cera o acabado de superficie.

**Cera**— Los pisos de madera no protegidos con acabado de superficie, necesitan cubrirse con una capa de cera líquida sin base de agua. La cera no es tan durable como el acabado y debe ser aplicada periódicamente. Una ventaja es que las áreas reparadas se mezclan con facilidad.

**Entre las herramientas y materiales se incluyen:** Bandeja para pintura (A), poliuretano (B), máscaras para el polvo (C), trapo o tela afelpada (D), lijadora orbital (E), plástico para pintar (F), raspador para pintura (G), almohadilla para pintar (H), barra (I), cepillo grande (J), protección para los ojos (K), bloqueador para puerta (L), papel de lija (M), cinta para pintura (N), bloque para lijar (O), rodilleras (P), grapadora (Q), brocha para pintar (R), escoba (S), martillo (T), recogedor de polvo (U), juego de punzones (V).

# Preparación para la restauración de un piso de madera

**Clave el plástico con grapas** para cubrir todas las puertas. Instale un bloqueador para puerta a la entrada del área de trabajo.

**Utilice cinta para pintura y plástico** para cubrir todas las salidas de ventilación, registros, ventiladores, luces y lámparas.

## Consejo de seguridad ▸

Aún con la apropiada ventilación, inhalar polvo es peligroso para la salud. Es recomendable utilizar un respirador para este tipo de proyecto. Si no lo utiliza, debe por lo menos usar una máscara contra el polvo. La protección para los ojos es también esencial (y estará agradecido por haber comprado un buen par de guantes para trabajo). Esto suaviza la vibración de las lijadoras.

*¡Importante! Siempre desconecte la lijadora cuando vaya a quitar o colocar el papel o banda de lija.*

**Coloque un ventilador al lado** de la ventana para que sople el polvo que circula hacia el exterior.

# Cómo restaurar un piso de madera

**Introduzca la barra de palanca** entre la moldura y la base del piso. Continúe alrededor del área a medida que desclava las puntillas. Al terminar, coloque un madero de 2 × 4 contra la pared y quite la base a la altura de cada puntilla. Mantenga el espacio con estacas. Numere las secciones para instalarlas con facilidad. Cubra las bases con una cinta de pintar ancha. Clave las puntillas salidas del piso con punzones a ⅛" de profundidad.

**Desconecte la lijadora y practique** cómo usarla. Muévala de adelante hacia atrás. Inclínela y levántela del piso un par de veces. La lijadora de banda es pesada e incómoda de manejar. Apenas toca el piso, se mueve hacia adelante, y si la detiene, raya el piso.

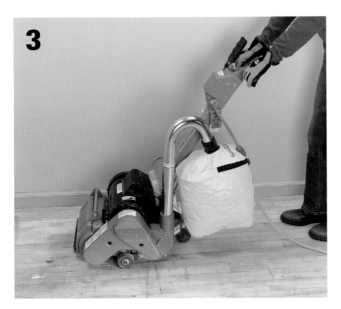

**Al hacer la primera pasada con** la lijadora, muévala en el sentido de la veta. Use una lija de grado 40 ó 60. Si hay muchos rayones, use lija 20 ó 30. Comience en las dos terceras partes del tamaño del área, en el lado derecho. Trabaje hacia la izquierda. Levante la banda, encienda el motor, coloque la banda lentamente sobre el piso. Levántela cuando llegue a la pared. Muévase a la izquierda de 2 a 4" y camine hacia atrás la misma distancia que caminó hacia adelante. Repita la acción.

## Papel de lija para lijadoras de banda y de borde ▸

| Aspereza | Grado | Uso |
|---|---|---|
| 20, 30, 40, 60 | Grueso | Para nivelar tableros |
| 100, 120 | Medio | Para minimizar rayones de lijas gruesas |
| 150, 180 | Fino | Para minimizar rayones de lijas medias |

El papel de lija pierde efectividad con el uso y se puede romper. Compre de 3 a 5 hojas de cada grado para cada habitación que va a restaurar. No las va a usar todas, pero casi siempre puede devolver el material que no utiliza en el sitio donde lo compró. Es mejor tener de sobra y no que falte, y tener que perder un día de trabajo si no puede conseguir el material cuando lo necesite.

*Consejo: antes de salir del almacén, pida que le muestren cómo colocar el papel en la lijadora. Cada máquina funciona un poco diferente.*

(continúa)

**4**

**Cuando llegue al extremo izquierdo** de la habitación, voltee la lijadora y repita el proceso. Traslape las dos terceras partes de la sección ya lijada para hacer desaparecer la línea dejada por la lija. Repita todo el proceso tres o cuatro veces con una lija de grado 120. Lije todo el piso. Para las pasadas finales, utilice un papel fino (con aspereza de 150 a 180) para remover los rayones dejados por las lijas más ásperas.

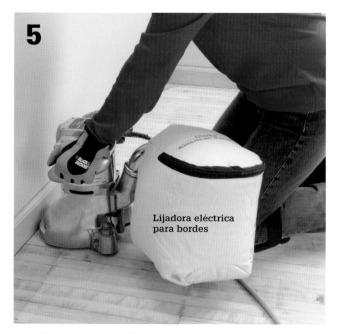

**5**

Lijadora eléctrica para bordes

**Para lijar las áreas difíciles** de alcanzar, use primero la lijadora para bordes a lo largo de las paredes con el mismo papel de lija utilizada en la lijadora de banda. Traslape la mitad de los círculos comenzando en una de las esquinas de las paredes. Haga movimientos en forma de arco y regrese de nuevo a la pared. Continúe alrededor de la habitación. Lije todas las líneas dejadas por ambas lijadoras (la de banda y la de borde) pasando dos veces la pulidora circular sobre el piso: primero con una lija de grado 80, y luego con una de grado 100. Al final, utilice una lijadora orbital de 5" para suavizar el piso. Los movimientos aleatorios harán desaparecer las protuberancias.

**6**

**Utilice un raspador de pintura** para llegar a las esquinas, rincones y ranuras difíciles de lijar. Coloque el raspador de frente a usted y presiónelo hacia abajo. Hágalo en dirección de la veta. Luego lije con una lija de bloque.

**7**

**Prepare la habitación** para el acabado barriéndola y aspirándola. Quite el plástico de las puertas, ventanas, lámparas o similares. Barra y aspire de nuevo. Remueva las partículas más pequeñas con un trapo o tela afelpada.

**Aplique el acabado de poliuretano.** Mezcle partes iguales de poliuretano a base de agua y agua. Use una brocha con cerdas naturales para aplicar la mezcla a lo largo de las paredes y alrededor de obstáculos. Para pintar en el medio del área, use una almohadilla para pintar con una extensión. Aplique dos capas en forma diagonal cruzando la veta, y la capa final en dirección de la veta.

**Deje secar la mezcla después** de cada capa. Lije suavemente el piso con un papel de grado medio. Limpie la superficie con un trapo mojado y luego con una toalla seca.

**Aplique por lo menos dos capas** del poliuretano de acabado sin diluir para lograr una superficie fuerte y durable. Deje secar la capa. Repita el paso 9 y luego aplique una capa final. No se sobrepase con la brocha.

**Después que la última capa** se ha secado, pula la superficie con agua y una almohadilla de grado fino. Esta acción remueve las imperfecciones del piso y le quita brillo. Después de terminar, espere al menos 72 horas antes de volver a instalar la moldura sobre la base.

# Arreglos

Las cubiertas de los pisos se desgastan más rápido que cualquier otra superficie al interior de la vivienda, y los daños pueden afectar mucho más que la sola apariencia. Los rayones sobre los pisos elásticos, y las grietas en las uniones de masilla de la baldosa pueden dejar que la humedad penetre al interior. Cuando los pisos de madera pierden la cubierta de acabado, podrían quedar permanente descoloridos. Los listones también pueden comenzar a crujir.

La humedad por debajo de los pisos también puede arruinar la base de madera y finalmente el subsuelo. Los baños son las áreas más afectadas por la humedad. El subsuelo puede desprenderse de las vigas de soporte causando que los pisos se desnivelen y comiencen a chirriar.

Usted puede arreglar este tipo de problemas, incluyendo pisos crujientes, bases averiadas y molduras, y daños menores sobre las cubiertas de pisos, utilizando las herramientas y técnicas presentadas en las siguientes páginas.

## En este capítulo:

- Arreglo de pisos crujientes
- Reemplazar molduras de los bordes
- Reparar la madera
- Reemplazar placas laminadas
- Arreglar pisos elásticos
- Arreglo de alfombras
- Arreglo de cerámica

# Arreglo de pisos crujientes

Los pisos crujen cuando los maderos friccionan entre sí, o contra las puntillas que los aseguran contra el subsuelo, o cuando no han sido clavados correctamente. Los cambios normales en la madera la hace crujir en forma inevitable, pero los pisos ruidosos pueden indicar serios problemas estructurales. Si un área del piso es muy suave o extremadamente crujiente, inspeccione las vigas de enmarcado y la estructura que sostiene el piso.

En lo posible arregle los chirridos a partir de la base del piso. Las vigas de más de ocho pies de largo deben tener soportes en forma de X entre cada par de piezas para ayudar a distribuir el peso. Si no tiene este tipo de soportes, instálelos cada seis pies para reforzar la base y para ayudar a silenciar los pisos ruidosos.

Para encontrar exactamente el sitio del crujido, pídale a alguien que camine sobre la superficie mientras escucha por debajo de la estructura (o en el piso inferior). Marque con un lápiz sobre el cielo raso el lugar donde está ocurriendo el ruido. Es posible que el subsuelo se mueva sobre las vigas cuando escuche el ruido. Si no ve ningún movimiento, el piso terminado se ha desprendido del subsuelo. En este caso, pida a quien esté parado sobre el piso que coloque algo pesado, como la pata de un sofá o un bloque en el sitio del crujido. Si viene directamente de la viga, use un martillo para clavar una estaca entre la viga y el subsuelo.

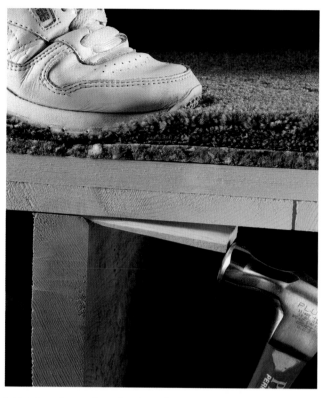

**Los espacios entre el subsuelo** y las vigas del piso son las causas principales de los pisos crujientes. Si tiene acceso a los pisos por debajo, ubique el espacio y clave una estaca en el lugar para eliminar el ruido.

## Soluciones para los pisos crujientes

**Si tiene acceso a las vigas** del piso por debajo, clave tornillos de madera hacia arriba a través del subsuelo para unirlo con la superficie del piso. Perfore agujeros guía y asegúrese que los tornillos no sean muy largos porque podrían atravesar los listones hasta llegar a la superficie. Determine el espesor del piso y el subsuelo midiendo el espesor en los cortes de las tuberías.

**Instale soportes de madera** en X si cree que las vigas están moviéndose (la falta de rigidez puede causar crujidos o rebote al caminar sobre la superficie). Puede usar maderos de 2 × 4 con las puntas cortadas en ángulo de 45° para empatar la inclinación de las vigas al instalarse en forma diagonal, o puede instalar soportes de metal disponibles en cualquier almacén de materiales para construcción.

# Cómo hacer y usar un bloque para golpear

**Construya un bloque para golpear.** Si las puntillas sueltas son el problema, puede golpear los pisos donde esté escuchando el crujido. Envuelva un trozo de madera de 2 × 4 (puede ser de un pie de largo) en un retazo de alfombra para evitar rayar la superficie del piso. Clave la alfombra con puntillas a la parte de arriba del madero.

**Coloque el madero en el ángulo** correcto sobre el área del piso crujiente. Golpee el madero para acomodar los listones o para clavar las puntillas sueltas. Mueva el bloque en forma rectangular hasta llegar al centro.

# Prevenir crujidos

**Debido a que los crujidos** pequeños pueden ser causados por la acumulación de mugre entre los listones, o por sequedad, limpie el piso al menos una vez por semana.

**Los crujidos de los pisos** causados por la fricción entre los listones, o contra las puntillas, pueden ser eliminados por semanas o incluso meses, sólo con agregar un lubricante para pisos en el lugar del crujido. Primero, remueva la mugre y polvo entre los listones usando un viejo cepillo de dientes. Luego aplique el lubricante con un cepillo nuevo o un trapo limpio.

# Cómo instalar accesorios contra los crujidos

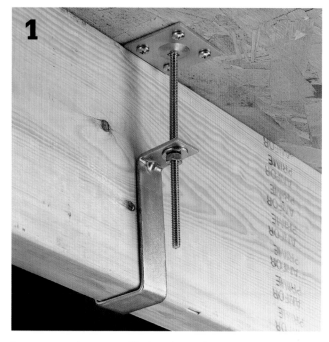

**Los accesorios para eliminar** los crujidos en los pisos están diseñados para sujetar el subsuelo a las vigas de soporte. Esta es la perfecta solución para los ruidos causados en pisos con superficies que no pueden ser ajustadas con tornillos (como los pisos de cerámica). El soporte aquí instalado consiste de una placa de montura, una barra de rosca, y un tirante de ajuste en forma de "J" que aferra la superficie contra la viga.

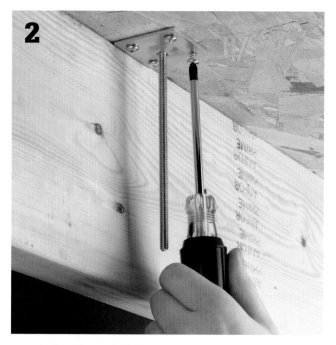

**Inserte la cabeza de la barra** de rosca dentro del orificio de la placa de anclaje. Utilice un destornillador de estrella para atornillar la placa sobre la parte inferior del subsuelo (los cuatro tornillos vienen por lo general con la placa). Coloque la placa al lado de la viga más cercana al sitio donde se produce el ruido.

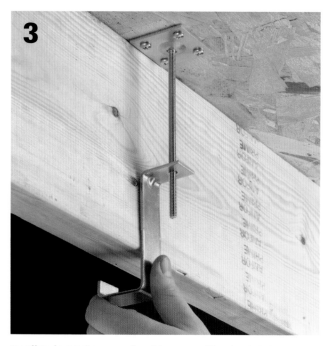

**Deslice la parte superior** del soporte al interior de la barra con rosca y sobre la parte inferior de la viga.

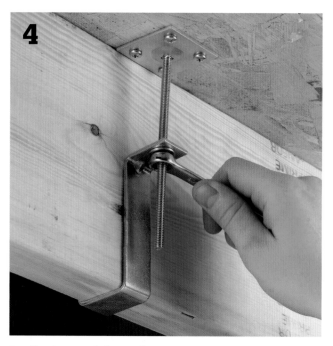

**Deslice la arandela y coloque** la rosca dentro de la barra. Utilice una llave para apretar la tuerca hasta que el subsuelo es halado en forma ajustada contra la viga. Evite apretar demasiado la tuerca.

# Cómo apretar listones sueltos

**La forma más fácil de clavar** de nuevo los listones sueltos o brotados es desde arriba. Perfore agujeros guía para varias puntillas sólo sobre el listón. La puntilla se aferrará mejor si no abre huecos al interior de la base.

**Use un martillo y un juego** de punzones para clavar las cabezas de las puntillas bien adentro de la superficie del piso. La idea es dejar el suficiente espacio por encima de la cabeza para llenarlo con masilla para madera.

**Llene los huecos de las puntillas** con masilla para madera. La mejor solución es usar masilla pre-pintada para empatar el color de la madera, en lugar de usar masilla normal que debe ser pintada después de secarse. Presione la masilla al interior para que llegue bien al fondo del hueco. Llene el agujero un poco más arriba de la superficie.

**Lije la masilla seca** para dejarla a ras con la superficie del tablón. Utilice papel de lija de grado fino (180 ó 220) y evite lo más que pueda lijar más allá de los huecos. Después de lijar el parche, limpie el área con un trapo limpio y seco y luego aplique barniz de poliuretano sobre el mismo esparciéndolo hacia las áreas adyacentes. Esto protegerá el remiendo y lo oscurecerá un poco (ver foto anexa).

# Reemplazar molduras de los bordes

No hay razón para descuidar las molduras de los pisos y dejarlas que le resten mérito a la apariencia de una superficie bien mantenida. Utilizando las herramientas correctas y con un poco de atención al detalle, podrá reemplazar las molduras fácil y rápidamente.

Los almacenes especializados y los centros de depósito de materiales para construcción venden muchos estilos de molduras, pero es posible que no encuentre los usados en casas antiguas. Si tiene problemas para encontrar las piezas exactas, busque en sitios de venta de materiales de demolición. A veces estos sitios tienen piezas que ya no se fabrican. También puede combinar varias molduras para duplicar una versión más detallada.

## Herramientas y materiales ▸

| | |
|---|---|
| Barras (2) | Juego de punzones |
| Sierra de calar | Moldes de reemplazo |
| Sierra ingletadora | Puntillas de acabado |
| Taladro / Martillo | 2d, 4d, y 6d |
| Retazos de madera | Masilla para madera |

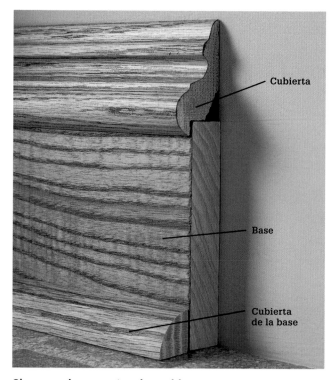

**Si no puede encontrar la moldura** exacta para reemplazarla, puede tratar de recrearla con múltiples piezas.

## Cómo remover molduras averiadas

**A veces sólo un poco de presión** aplicada con una barra puede averiar la base o la pared. Utilice un trozo de madero largo para proteger la pared. Inserte una barra por debajo de la moldura y coloque la otra entre la moldura y la pared. Fuerce las barras en direcciones opuestas para sacar la moldura.

**Para quitar las molduras** sin dañar la pared, utilice palancas en lugar de fuerza. Quite la cubierta de la base primero con una barra plana. Cuando sienta que unas cuantas puntillas se han soltado, mueva las barras un poco y repita la acción.

# Cómo instalar molduras para los bordes del piso

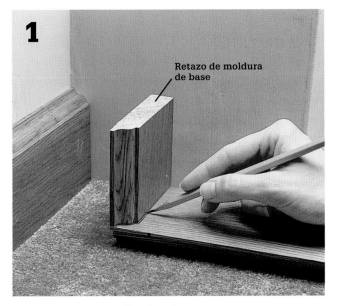

**1**

Retazo de moldura de base

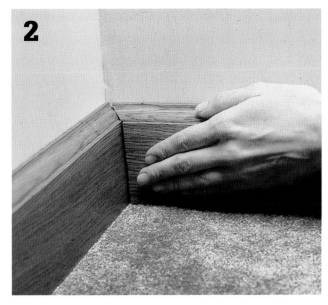

**2**

**Comience en la esquina interior** clavando un trozo de moldura contra la pared. Abra agujeros guía, luego clave la pieza con dos puntillas 6d alineadas verticalmente sobre cada viga de la pared. Corte un trozo de moldura para que las puntas queden bien cuadradas. Corte la punta de la pieza en forma cuadrada. Coloque el retazo detrás de la pieza dejando el borde a ras con la punta de la moldura. Trace una línea en el borde del retazo sobre la parte trasera de la moldura a instalar.

**Corte a lo largo de la línea** trazada sobre la moldura a instalar. Use una sierra de calar y manténgala perpendicular sobre la base mientras que hace el corte. Pruebe la pieza en la esquina y córtela de nuevo si es necesario.

**3**

**4**

**Para cortar la moldura para las** esquinas exteriores, marque la punta donde se encuentra con la esquina exterior. Haga el corte en 45° usando una sierra ingletadora. Clave las uniones en ángulo abriendo primero agujeros guía. Use puntillas 4d en cada esquina.

**Instale la cubierta de la base** a lo largo del borde inferior de la moldura de base. Clávela en forma angular en las esquinas interiores y exteriores y ajústela con puntillas 2d. En lo posible sólo use una sola pieza para completar cada lado. En distancias largas, junte las piezas en ángulos paralelos de 45°. Clave la punta de las puntillas al interior de las molduras usando un punzón, luego llene los huecos con masilla para madera.

# Reparar la madera

Un piso de madera oscurecido o algo deslucido quizás sólo necesite una buena limpieza para revelar de nuevo su atractivo acabado. Si tiene un piso con pre-acabado relativamente nuevo, consulte con el fabricante o con instaladores profesionales antes de aplicar productos de limpieza o ceras sobre su superficie. La mayoría de los pisos pre-acabados no deben ser encerados.

El agua u otros líquidos pueden penetrar al interior de las vetas de la madera dejando manchas oscuras. Algunas veces estas manchas son imposibles de remover con lijas. En estos casos, trate de limpiar la madera con ácido oxálico, disponible en forma cristalina, en los centros de construcción o almacenes de ventas de pinturas. Cuando las grietas, golpes o rajaduras no son suficientemente dañinos para justificar cambiar el piso, repare las áreas averiadas con masilla de látex para madera que empate con el color del resto del piso.

**Identifique el tipo de acabado** aplicando solventes. Escoja un área escondida para aplicar diferentes solventes para ver si el acabado se disuelve, suaviza o es removido. El alcohol desnaturalizado remueve resinas (shellac), mientras que la laca disolvente quita la laca. Si ninguno de estos químicos funciona, use un quitaesmalte con acetona que remueve el barniz pero no el poliuretano.

## Herramientas y materiales ▶

| | | | |
|---|---|---|---|
| Aspiradora | Paños | Ácido oxálico | Detergente para platos |
| Pulidora | Utensilios para | Restaurador de madera | Brocha o almohadilla de |
| Martillo | limpiar el piso | Masilla de látex | nylon para limpiar |
| Juego de punzones | Pasta de cera | para madera | Vaso desechable |
| Espátula | Guantes de caucho | Papel de lija | Bórax |

## Cómo limpiar y restaurar los pisos de madera

**1**

**Aspire todo el piso.** Mezcle agua caliente con detergente que no contenga blanqueador (lejía), fosfato sódico tribásico, o amoníaco. Cepille el piso en secciones de 3 pies² usando una brocha o almohadilla de nylon. Limpie el agua y la cera con una toalla antes de continuar con la siguiente sección.

**2**

**Si al agua con el detergente** no remueve la cera vieja, use un equipo de limpieza para el piso. Utilice sólo solventes para limpieza ya que ciertos productos a base de agua pueden oscurecer la madera. Aplique los limpiadores siguiendo las instrucciones del fabricante.

**3**

**Cuando el piso esté limpio** y seco, aplique una cera para pisos de buena calidad. La pasta es más difícil de aplicar que el líquido, pero dura mucho más. Aplique la cera con la mano y luego pula o brille la superficie con una pulidora equipada con almohadillas sintéticas.

# Cómo remover manchas

**Remueva la mancha** lijando el área afectada. Disuelva la cantidad recomendada de cristales de ácido oxálico con agua en un vaso desechable. Use guantes de caucho y vierta la mezcla sobre la mancha (sólo cubra la madera oscurecida).

**Deje sentar la mezcla** por una hora. Repita el proceso si es necesario. Lave el área con dos cucharadas de bórax disueltas en una pinta de agua para neutralizar el ácido. Enjuague con agua y deje secar la madera. Lije suavemente el área.

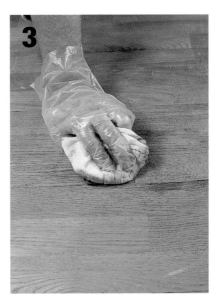

**Aplique varias capas** de restaurador de madera hasta que el color del área limpiada empate con el resto de la superficie.

# Cómo reparar rayones y huecos pequeños

**Antes de llenar los huecos,** compruebe que las puntillas estén bien clavadas. Use un martillo y un punzón para clavar las puntillas sueltas al interior de la superficie. Aplique masilla sobre las áreas averiadas con una espátula. Presione la masilla al interior de los huecos con la hoja de la espátula.

**Quite el exceso de** masilla de los bordes y deje secar el remiendo por completo. Lije los arreglos a ras con el resto del piso. Use una lija de grado fino y lije en dirección de la veta de la madera.

**Aplique el restaurador** de madera sobre las áreas lijadas hasta empatar el color con el resto del piso.

# Reemplazar bases de pisos averiadas

Aún cuando la durabilidad y capacidad para ser restaurados es muy reconocida, los pisos a veces sufren daños que no pueden ser reparados con un simple retoque. Un rayón profundo o una rajadura al interior de la placa no pueden lijarse sin hacer una marca notoria sobre la superficie del piso. En estos casos es necesario remover la pieza averiada por completo.

En lo posible es mejor reemplazar toda la pieza. Si va a cambiar un tablero largo, o va a hacer una reparación más conspicua, utilice un formón para cortar la sección averiada para luego instalar una nueva pieza (esta es una de las razones por la cual siempre se aconseja guardar material de sobra después de instalar el piso original).

## Herramientas y materiales ▸

| | | | |
|---|---|---|---|
| Escuadra / Regla | Formón para | Trozo de madera | Puntillas para |
| Cinta para pintar | madera | Juego de punzones | acabado 8d |
| Taladro con broca | Barra pequeña | Placas de reemplazo | Herramientas |
| de punta plana | Sierra circular | Masilla para madera | de limpieza |
| Martillo / Espátula | Mazo / Puntillas | Papel de lija | Materiales de acabado |

**Reemplazar una sección pequeña del piso** consiste en encontrar la pieza correcta de reemplazo, cortar las partes de ensamble machihembrado, e instalarla sobre el piso manteniendo el patrón de la veta de la madera.

# Cómo reemplazar una sección del piso de madera

**Use una escuadra para trazar** las líneas de corte arriba y abajo de la sección afectada del madero. Para evitar encontrarse con puntillas, trace las marcas al menos ¾" al interior del borde extremo de las vigas. El objetivo es no cortar toda la sección del madero, pero sí remover la tira hacia el medio para tener campo para usar una barra.

**Establezca el espesor de los maderos** a cortar. Use un taladro y una broca de punta plana de ¾" y perfore lentamente al interior de la pieza averiada. Perfore hasta encontrar la base del piso. Mida la profundidad del hueco (la profundidad normal es de ⅝ ó ¾"). Cuadre el disco de la sierra circular a esa medida.

**Para evitar que las piezas se astillen,** pegue cinta para pintar por fuera de las líneas de corte. Clave un trozo de madero derecho al interior del área a cortar para crear una guía de corte. Deje las puntillas un poco salidas de la superficie para facilitar la removida del madero. Coloque el madero de guía dejando espacio para la guía de la máquina.

**Alinee la sierra circular con la guía** de madera. Encienda la máquina, introduzca el disco hacia el interior de la marca de corte. No corte el último ¼" al llegar a las esquinas. Quite la guía de madera y repita la acción en los lados opuestos del madero.

(continúa)

**5**

**Complete los cortes.** Utilice un martillo y un formón afilado para madera para completar el corte y desprender por completo los maderos del piso. La parte angular del formón debe estar de frente hacia el área averiada para hacer un corte derecho.

**6**

**Remueva los tableros sueltos.** Use un trozo de madero de 2 × 4 como palanca para proteger el piso. Golpee la barra con un martillo al interior y por debajo de la pieza averiada. La mayoría de las piezas salen con facilidad, pero a veces requieren de un poco de presión. Saque las puntillas expuestas con la cabeza trasera del martillo.

**7**

**Utilice un formón** para quitar las dos tiras restantes. Una vez más, el lado angular del formón debe quedar de frente hacia el área averiada. Clave las puntillas expuestas con un punzón.

## Cortar los ensambles machihembrados ▸

Tablero de clavado oculto

Lengüeta

Labio inferior removido

Cara del tablero clavado

Ranura

Subsuelo

**Cuando esté trabajando con ensambles** machihembrados, cada nueva hilera es clavada a interior de la lengüeta antes de instalar la siguiente hilera. Este proceso es llamado "clavado oculto" porque no puede ver las puntillas sobre el piso acabado ya que son clavadas en ángulo sobre la lengüeta. Por lo tanto: 1. Tenga presente las puntillas clavadas en ángulo sobre las lengüetas para poder evitarlas cuando esté cortando o perforando al interior de los maderos. 2. El último madero a colocar tendrá que ser clavado "sobre la cara" (clavado sobre la parte superior de la pieza) porque ya no tendrá acceso a la lengüeta. La parte inferior de la lengüeta es removida para poder colocarla en su posición.

**Corte las nuevas piezas** de madera al ancho y largo correcto y colóquelas al interior del área en reparación. Forme el ensamble machihembrado en el borde de la abertura. Si sólo va a instalar una pieza, corte el borde inferior de la ranura (vea el Consejo en la página anterior).

**Para instalar el último madero,** conecte la lengüeta dentro de la ranura del piso ya instalado y golpéelo suavemente con un mazo para acomodarlo en el madero anterior.

**Perfore agujeros guía inclinados** hacia afuera: abra dos huecos, uno al lado del otro, a más o menos ½" del borde de cada madero, y un hueco cada 12" a lo largo del lado de la ranura en cada uno. Clave puntillas de acabado 8d de 1½" en los huecos. Penetre las puntillas con un punzón. Llene los orificios con masilla para madera.

**Después que la masilla se haya** secado, lije el parche con una lija de grado fino. Lije un poco los maderos contiguos. Aspire y limpie todo con un trapo limpio. Aplique tintura para restaurar y empatar el color de la madera y luego dos capas de acabado. Para establecer qué tipo de acabado tiene el piso, vea la página 242.

# Reemplazar placas laminadas

En el caso que necesite reemplazar una pieza de un piso prefabricado, debe primero determinar cómo va a remover dicha pieza. Si va a trabajar sobre un piso "flotante" (sin adhesivo), es mejor desensamblar y quitar cada pieza comenzando desde la pared hasta llegar a la pieza averiada. Sin embargo, si esa pieza está muy lejos de la pared, puede ahorrar tiempo cortando sólo la parte que va a reemplazar.

Las piezas prefabricadas adheridas por completo tienen adhesivo por debajo de cada tablero y están aseguradas directamente contra la base del piso. Cuando quita esta clase de placas corre el riesgo de averiar el subsuelo y en este caso es recomendable contratar un profesional para hacer la labor.

**Aún cuando los pisos laminados** parecen indestructibles, es imposible evitar los rayones y averías causadas por el uso diario. Sin importar si el daño está ubicado contra una pared o en la mitad del piso, el siguiente ejemplo le mostrará cómo repararlo.

## Herramientas y materiales ▸

| | |
|---|---|
| Formón | Protección para ojos y oídos |
| Martillo | Trozo de contrachapado y |
| Barra plana | madero de 2 × 4 |
| Estacas de madera | Alicates |
| Placas de reemplazo | Abrazaderas |
| Juego de punzones | Ingletadora |
| Puntillas de acabado | Papel de lija |
| Masilla para madera | Copa de succión |
| Taladro / Regla | Adhesivo para laminado |
| Cinta para pintar | Papel de cera |
| Sierra circular | Toalla |
| Aspiradora | Pesas |

## Componentes de una placa laminada ▸

**Desde abajo hacia arriba,** las placas laminadas son construidas para resistir la humedad, los rayones y las abolladuras. La base de melamina protege la capa del núcleo que a menudo está compuesta de fibra de alta densidad (HDF). Luego es seguida por un papel especial saturado con resinas para mayor protección y durabilidad. La capa impresa es un estampado fotográfico que se asemeja a la madera o cerámica. La superficie tiene una capa protectora contra el uso. Las placas de ensamble machihembrado se ajustan en forma apretada y pueden adherirse juntas (según las instrucciones del fabricante) para adicionar mayor estabilidad.

Capa de desgaste
Capa impresa
Papel especial
Núcleo
Base trasera de melamina
Lengüeta
Ranura

# Cómo reemplazar una placa averiada

**Para quitar la cubierta de la base** del piso, introduzca un formón entre la cubierta y la base para crear un espacio y mantenerlo abierto con estacas. Haga lo mismo cada 6" a lo largo de la pared. Ubique las puntillas que sostienen la pieza contra la base y use una barra en esos sitios para sacar con cuidado la cubierta de la base (ver foto anexa).

**Para quitar la primera pieza** más cercana a la pared, use la barra para levantarla sólo lo suficiente para meter la mano por debajo y luego separarla de la pieza adyacente. Continúe removiendo los tableros entre la cubierta de la base y la pieza averiada con las manos. Remueva finalmente la parte que va a reemplazar.

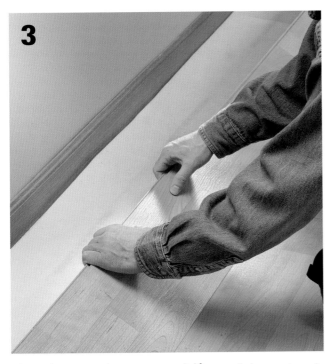

**Ajuste la nueva pieza en su posición** y continúe reemplazando el resto de los tableros hasta llegar a la pared de la misma forma.

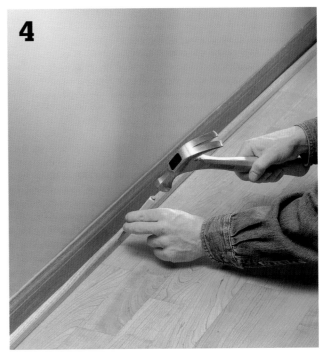

**Instale de nuevo la cubierta** de la base a lo largo de la pared. Utilice un martillo y un punzón para clavar las puntillas sobre la cubierta cada 6 a 12" de distancia. Llene los huecos con masilla para madera.

# Cómo reemplazar una placa averiada en el centro del piso

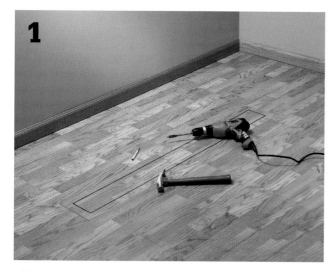

**Dibuje un rectángulo en medio** de la pieza averiada dejando un borde de 1½" entre el rectángulo y los bordes originales del tablero. Utilice un martillo y un formón para hacer cortes en cada esquina del rectángulo y al interior de cada esquina de la pieza. Perfore agujeros de ³⁄₁₆" de diámetro en cada uno de los cortes. Sólo perfore hasta la profundidad de la pieza.

**Para evitar que el piso se astille,** pegue cinta para pintar a lo largo de las líneas de corte. Cuadre el disco de la sierra circular a la profundidad del tablero. Si no tiene una pieza de reemplazo, vea la página 245, paso 2, para establecer el espesor de la misma. Para cortar la pieza averiada, encienda la máquina y coloque el disco lentamente sobre la línea de corte hasta que la guía descanse por completo sobre el piso. Empuje la máquina desde el centro de la línea hacia cada extremo. Deténgase a ¼" de cada esquina. Coloque un formón afilado entre los dos agujeros en cada esquina y golpéelo con un martillo para completar cada corte. Levante y remueva la sección del medio. Aspire la mugre.

**Para quitar los bordes restantes** del área averiada, coloque un retazo de madero de 2 × 4 a o largo de la parte de afuera de un corte y úselo como palanca para empujar una barra por debajo del piso. Introduzca una segunda barra por debajo del piso (directamente debajo de la unión de la placa adyacente) y use unos alicates para agarrar la tira del borde de 1½" al frente de la barra. Presione hacia abajo hasta que aparezca un espacio en la unión. Quite la pieza de borde. Quite la tira opuesta y los bordes más cortos en las puntas de la misma forma.

**Coloque un retazo de cartón** en la abertura para proteger la base mientras remueve todo el adhesivo de los bordes originales usando un formón. Aspire toda la mugre y los desperdicios de pegamento sobrantes.

**Para quitar las lengüetas** en una punta en la parte larga y corta de una pieza final, colóquela boca abajo sobre una pieza de contrachapado para protegerla (o sobre un madero de 2 × 4). Sujete una guía de corte sobre la pieza de reemplazo dejando la distancia necesaria para cortar la pieza con la broca. Presione la sierra ingletadora contra la guía de corte y mueva la máquina lentamente a lo largo de todo el borde de la nueva pieza para quitar la lengüeta. Suavice los bordes con papel de lija.

**Conecte las ranuras de la pieza** de reemplazo al interior de las lengüetas de las piezas adyacentes. Si la pieza se ensambla en forma ajustada con los otros tableros adyacentes, levántela con una copa de succión suministrada por el fabricante. Si la placa no se ajusta a ras con el resto de la superficie, revise los cortes hechos con la ingletadora para comprobar que estén parejos. Lije los sitios ásperos que deben ser removidos por completo y ensaye la pieza de nuevo.

**Coloque en su lugar la pieza** de reemplazo usando el adhesivo recomendado a los bordes removidos y al interior de las canales de las piezas existentes. Presione con firmeza la placa en su lugar.

**Limpie el adhesivo con un trapo** mojado. Coloque una tira de papel de cera sobre la nueva pieza y distribuya unos bloques pesados sobre el papel. Deje secar el adhesivo entre 12 y 24 horas.

# Arreglar pisos elásticos

Los métodos de reparación de los pisos elásticos depende del tipo de material y la clase de daño. Con las tiras de pisos elásticos, es posible unir la superficie y parchar el nuevo material. Con el linóleo, un parche es por lo general la única solución para reparar un daño serio.

Los pequeños cortes y rasgones pueden ser corregidos permanentemente y hacerlos casi que invisibles usando un líquido sellador o un compuesto transparente disponible en cualquier lugar donde vendan pisos de vinilo. Las rasgaduras mayores y quemaduras pueden ser cubiertas con un parche. Si es necesario, quite un trozo de vinilo de un área escondida, como debajo de un electrodoméstico, y utilícelo para remendar el daño. Los rayones y pequeños daños sobre el linóleo pueden ser reparados con una pasta hecha con adhesivo para madera y partículas del linóleo.

Cuando los pisos están muy gastados o el daño es muy grande, la respuesta es cambiar todo el piso. Aunque en algunos casos es posible agregar capas de pisos, examine las opciones con cuidado. Tenga en cuenta que viejos materiales hechos de asfalto pueden contener fibras de asbesto.

## Herramientas y materiales ▶

Escuadra
Navaja
Espátula
Pistola de calor
Rodillo pequeño
  "J-roller"
Palustre con muescas
Cinta de enmascarar
Retazo del
  piso original
Diluyentes minerales
Adhesivo para el piso
Papel de cera
Líquido para
  sellar uniones

Cinta métrica
Retazo de
  contrachapado
Cinta de tela
Formón
Raspador para
  el piso
Paño
Diluyente de laca
Botella para aplicar
Bloques o pesas

**Cuando la superficie del piso elástico está averiada,** la mejor solución es cortar la parte del daño y reemplazarla con nuevo material sellando los bordes con cuidado.

# Cómo reparar una tira de vinilo

**Mida el largo y ancho del área** averiada. Coloque el retazo del piso nuevo sobre una superficie donde pueda hacer cortes sobre ella (como un retazo de contrachapado). Utilice una escuadra como guía para el corte. La pieza de reemplazo debe ser un poco más grande que el área averiada.

**Coloque la pieza sobre el área** afectada empatando las líneas del diseño. Asegure la pieza con cinta de tela. Usando una escuadra como guía, corte a través del vinilo nuevo (arriba) y sobre el vinilo viejo (abajo). Presione la navaja con firmeza para cortar ambas superficies.

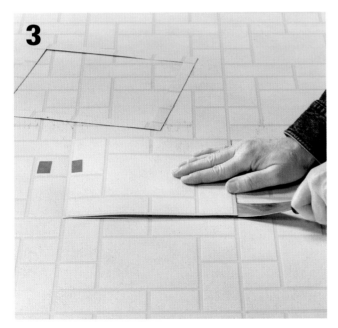

**Utilice cinta para marcar** el borde del nuevo remiendo usando el borde del piso viejo como marca de guía. Quite la cinta alrededor del perímetro y levante el parche.

**Despegue el adhesivo por debajo** con una pistola de calor. Quite la sección averiada del piso. Trabaje a partir de los bordes. Cuando el piso se haya soltado, inserte una espátula y utilícela como barra de palanca para levantar el área averiada.

(continúa)

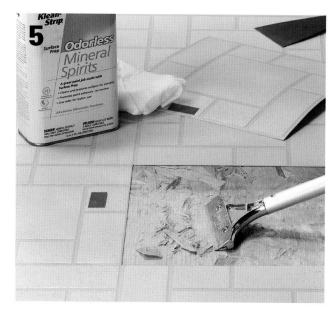

**Raspe el adhesivo restante** con una espátula o un formón. Trabaje desde los bordes hacia el centro. Esparza un poco de diluyente mineral o agua burbujeante caliente sobre el piso para disolver el pegamento (no use demasiada agua porque puede despegar el área adyacente). Use un raspador con filo para raspar la superficie hasta la base.

**Aplique adhesivo a la parte** trasera del parche con un palustre con muescas de ⅛" en forma de "V". Sostenga el palustre en un ángulo de 45° a medida que esparce el adhesivo.

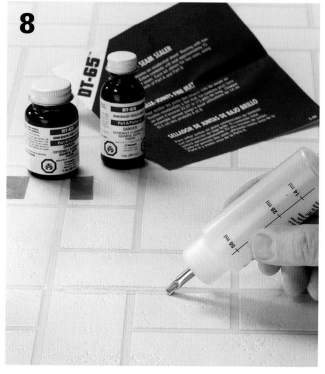

**Coloque un borde del parche** en su lugar. Baje la pieza sobre la base. Presiónela en su lugar. Aplique presión con el rodillo pequeño en forma de "J" (J Roller) para crear una adhesión sólida. Comience desde el centro y mueva el rodillo hacia los bordes para sacar las burbujas de aire. Limpie el adhesivo que brota de los bordes con un trapo limpio y húmedo o con una esponja.

**Deje secar el adhesivo** toda la noche. Utilice un paño suave humedecido en laca diluyente para limpiar toda el área. Mezcle el sellador siguiendo las instrucciones del fabricante. Utilice una botella de atomizador para aplicar una capa delgada de sellador a lo largo de las líneas de corte.

# Cómo reemplazar pisos elásticos en forma de baldosa

**Utilice una pistola de** calor para calentar la pieza averiada y así poder despegarla del piso. Mantenga moviendo la pistola para no derretir la pieza. Cuando el borde comience a voltearse, inserte una espátula para levantarla hasta remover toda la pieza. *Nota: Si puede ver claramente la unión entre las piezas, haga un corte alrededor para evitar que otras piezas se levanten.*

**Quite el adhesivo restante** con una espátula o con un raspador en las áreas más pegadas. Trabaje de los bordes hacia el centro para evitar dañar las piezas adyacentes. Utilice disolventes minerales para remover los sobrantes del adhesivo. No deje que los disolventes penetren por debajo de las piezas alrededor. Aspire la mugre, el polvo y los sobrantes del pegamento. Limpie todo por completo.

**Cuando el piso esté seco,** utilice palustre con muescas de ⅛" en forma de "V" sostenido en un ángulo de 45° y aplique una capa delgada y pareja de adhesivo para vinilo sobre la base. *Nota: Sólo siga estos pasos si está trabajando con piezas que no vienen con pegamento pre-instalado.*

**Coloque un borde** de la pieza en su lugar. Baje el resto del tablero sobre la base y presiónelo. Aplique presión con el rodillo pequeño en forma de "J" (J Roller) para crear una adherencia sólida. Comience en el centro y muévase hacia los bordes para sacar las burbujas de aire. Si el adhesivo se sale por los bordes, límpielo con un trapo mojado o una esponja. Cubra la pieza con papel de cera y unos bloques pesados y déjelo secar 24 horas.

# Arreglo de alfombras

Las quemaduras y las manchas son los daños más comunes en las alfombras. Las quemaduras superficiales pueden corregirse cortando las fibras del área afectada con unas tijeras pequeñas. Las quemaduras más profundas o las manchas indelebles requieren de remover por completo el daño y repararlo con un parche.

Otro problema común, tratado en la página opuesta, tiene que ver con los bordes o uniones de la alfombra que se desprenden. Es posible alquilar las herramientas necesarias para arreglar este tipo de problema.

## Herramientas y materiales ▸

| | |
|---|---|
| Cortador de moldes | Reemplazar la alfombra |
| Extensor manual | Cinta de doble cara |
| Navaja de paredes de 4" | para alfombra |
| Navaja / Pesas | Cinta para uniones |
| Plancha para uniones | activada con calor |
| Adhesivo para uniones | Maderos |

**La alfombra quemada o manchada** puede ser reparada con herramientas especiales y técnicas presentadas en estas páginas.

## Cómo reparar una mancha profunda

**1**

**Use un cortador de** moldes para cortar el parche de reemplazo de un retazo de alfombra. Presione el cortador sobre el área afectada y gírelo para cortar la alfombra.

**2**

**Remueva la alfombra** con daños o manchas más grandes con una herramienta especial para cortar (disponible en sitios de venta de alfombras). Coloque cinta de doble cara al interior del corte dejando que los bordes traslapen las uniones del parche.

**3**

**Presione el parche en su lugar.** La dirección de la fibra debe seguir el mismo patrón del resto de la alfombra. Aplique adhesivo alrededor de los bordes del parche para sellar las uniones en forma correcta.

# Cómo extender alfombra suelta

**1**

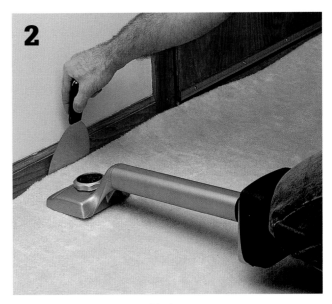

**2**

**Ajuste el botón en la cabecera** del extensor manual de alfombra para que los dientes de la misma sujeten la parte trasera del material sin penetrar en la espuma de base. Comenzando desde una esquina, o cerca del punto donde la alfombra esté firmemente sujetada, presione la cabeza del extensor sobre la alfombra a unas 2" de distancia de la pared.

**Empuje la rodilla sobre el lado** acolchonado del extensor para forzar la alfombra contra la pared. Introduzca el borde de la alfombra en el espacio entre la tira de clavado y la moldura de base usando una cuchilla especial de 4" de ancho. Si la alfombra todavía queda suelta, corte el borde con una navaja y extiéndala de nuevo.

# Cómo adherir bordes despegados

**1**

**2**

**Quite la cinta instalada** por debajo de la unión de la alfombra. Corte una tira de cinta nueva y colóquela debajo de la alfombra dejándola centrada sobre la unión y con la cara con adhesivo mirando hacia arriba. Conecte la plancha para las uniones y déjela calentar.

**Hale ambas puntas de la alfombra** y coloque la plancha correctamente sobre la cinta. Espere unos 30 segundos hasta que el adhesivo se derrita. Mueva la plancha unas 12" hacia adelante a lo largo de la cinta. Presione los bordes de la alfombra con rapidez sobre el adhesivo derretido por detrás de la plancha. Separe las fibras para evitar que se peguen al adhesivo y para dejar la unión ajustada. Coloque tableros pesados sobre la unión para mantenerla plana hasta que el pegamento se siente. Sólo tiene 30 segundos para repetir el proceso.

# Arreglo de cerámica

Aún cuando la cerámica es una de las cubiertas para pisos más resistente, a veces sufre daños y debe reemplazarla. Las grietas pronunciadas en la masilla de las uniones indican que el movimiento del piso ha deteriorado la capa de adhesivo por debajo. En este caso el adhesivo debe ser reemplazado para crear un arreglo permanente.

Cada vez que remueva una pieza revise el estado de la base. Si no está sólida, nivelada o lisa, debe cambiarla o repararla antes de reparar la baldosa. Cuando remueva la masilla o la baldosa averiada, tenga cuidado en no afectar el área a su alrededor. Siempre use protección para los ojos cuando trabaje con un martillo o un formón.

## Herramientas y materiales ▸

| | | | |
|---|---|---|---|
| Martillo / Aspiradora | Pinzas de punta | Trozo de alfombra | Sierra para la masilla |
| Formón para concreto | Destornillador | Separadores | Utensilios de limpieza |
| Espátula | Compuesto para | de baldosas | Juego de punzones |
| Palustre de | nivelar el piso | Masilla / Vinagre | Papel de lija |
| muescas cuadradas | Llana para la masilla | Sellador de masilla | Trozo de madera |
| Mazo de caucho | Cemento delgado | Esponja para | Cepillo viejo de dientes |
| Nivel torpedo | Cerámica de reemplazo | la masilla | Protección para los ojos |

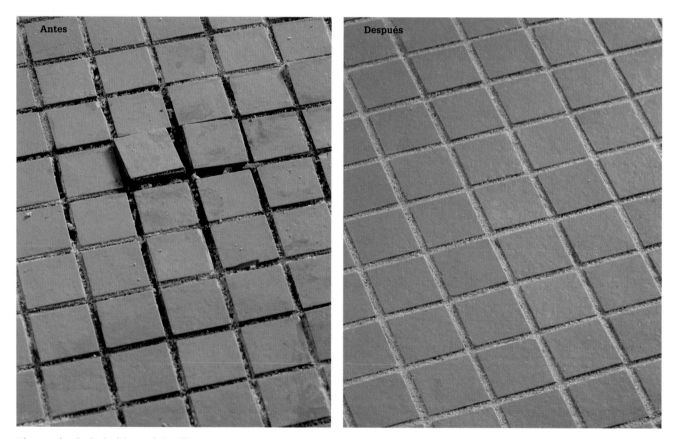

Antes

Después

**El arreglo de la baldosa debe llevarse** a cabo tan pronto como el daño es descubierto. Sin importar si el piso está cubierto con piezas grandes de cerámica o con material de estilo mosaico, tan pronto como el agua penetra en el interior de una o dos piezas, el daño se extenderá con rapidez. Reemplace las piezas necesarias y aplique nueva masilla tan pronto como empiece a decolorarse o desprenderse.

# Cómo aplicar nueva masilla en las uniones

**Quite la masilla vieja** con una sierra especial o con otro tipo de herramienta. Tenga cuidado en no rayar las piezas adyacentes o quebrar los bordes. Puede aplicar nueva masilla sólo en las uniones de la pieza reemplazada, pero para un acabado más uniforme, quite la masilla alrededor de todas las baldosas y aplique nueva en todo el piso.

**Lave todo el piso** con una mezcla 1:1 de agua y vinagre blanco poniendo atención especial a las áreas alrededor de las uniones. Aspire primero la superficie para quitar toda la mugre y desperdicios.

**Aplique la nueva masilla.** Prepare la masilla granulada siguiendo las instrucciones estampadas en el paquete. Use una llana para incrustar bien la masilla al interior de las uniones. Sostenga la llana inclinada sobre la superficie en un ángulo de unos 30°.

**Limpie en forma diagonal** a través de las uniones para remover el exceso de masilla y suavizar también las uniones. *Nota: Sellar todas las uniones ayudará a dejar un color de masilla más parejo en todo el piso si va aplicar la mezcla sólo en unas uniones.*

# Cómo reemplazar una baldosa de cerámica en el piso

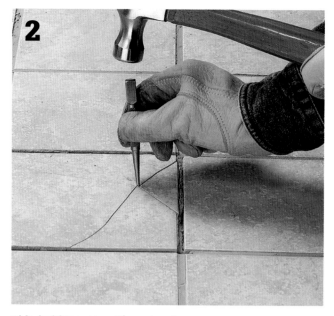

**Usando una sierra para** cortar masilla con punta de carbono, aplique firme pero suave a lo largo de la unión hasta exponer los bordes opacos de la baldosa. No raje la superficie vidriosa de la cerámica. Si la masilla está muy pegada, utilice un martillo y un destornillador para golpear la baldosa primero (ver paso 2).

**Si la baldosa no está quebrada,** use un martillo y un punzón para golpear en el centro de la misma. Si la pieza ya está muy rajada, utilice un formón para levantar la pieza.

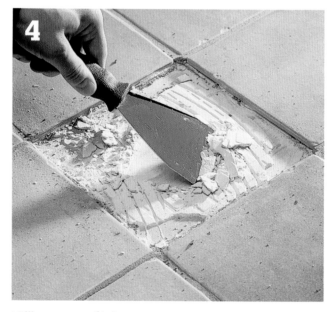

**Inserte el formón dentro** de una de las rajaduras y luego golpee suavemente la pieza. Comience en el centro y corte hacia los bordes para no averiar las piezas adyacentes. Tenga en cuenta que la base de la cerámica es muy parecida al cemento cuando esté quitando las piezas. Descarte todas las piezas rotas.

**Utilice una espátula para** remover la capa delgada de adhesivo y un formón para quitar el cemento usado en la instalación. Si la base está cubierta con una malla, no será posible dejar el área completamente lisa, sólo límpiela lo mejor que pueda. Después de quitar el adhesivo, use papel de lija para suavizar las partes burdas. Si hay vacíos sobre la base, llénelos con cemento delgado a base de resina epóxica (para la placa de cemento), o con nivelador para pisos (para contrachapados). Deje secar el área por completo.

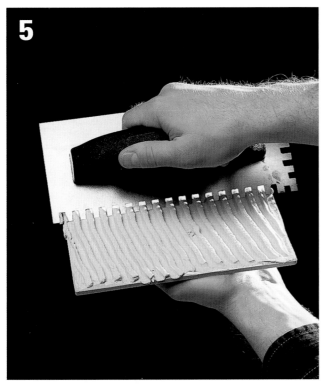

**5**

**Utilice un palustre con muescas** de ¼" para untar la parte trasera de la pieza con cemento delgado. Coloque la pieza en su posición y presiónela hasta dejarla a nivel con las piezas contiguas. Gírela un poco a medida que la presiona para sentarla bien sobre el cemento.

**6**

**Utilice un mazo de caucho** y un bloque de madera cubierto con un retazo de alfombra para golpear por encima la pieza de cerámica. Use el nivel torpedo para revisar el nivel de la pieza con la superficie alrededor. Golpee la pieza hasta dejarla nivelada. Use separadores de plástico para centrar la pieza al interior de la abertura.

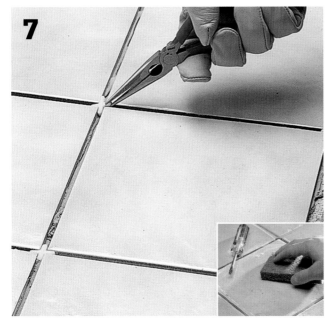

**7**

**Cuando el cemento se haya sentado,** quite los separadores con pinzas de punta. Quite el cemento de las uniones con un destornillador pequeño y un trapo, y luego limpie los sobrantes de cemento sobre la superficie con una esponja humedecida. Deje secar el área por lo menos una 24 horas (o según las recomendaciones del fabricante).

**8**

**Aplique la masilla en las uniones** con una espátula. Llene los espacios vacíos aplicando más masilla con la punta del dedo. Utilice la parte redonda de la punta de un cepillo de dientes para crear una superficie cóncava en las uniones, si lo desea.

| DAÑO | ARREGLO RÁPIDO |
|---|---|
| **Rayones superficiales** | En pisos encerados— aplique una capa de cera (igual a la ya instalada) y luego brille. En pisos de poliuretano— La mayoría de los centros de construcción venden pequeñas muestras de pintura para hacer retoques. |
| **Manchas de comida** | Quite las manchas con un trapo mojado; si es necesario raspe las manchas con cuidado con una espátula de plástico. |
| **Manchas oscuras (tinta, manchas causadas por animales)** | En pisos con acabados de poliuretano o cera, remueva el acabado del piso con una esponja de metal #2, y luego use el limpiador específico para la madera o disolventes minerales. Lave el área con vinagre casero. Si esto no funciona, lije muy suavemente el área con papel de lija fino hasta que la mancha desaparezca. Limpie el polvo con un trapo o tela afelpada. Aplique tintura si es necesario y luego poliuretano o cera de acabado. Mientras más oscuras las manchas, más profundas están. Para reemplazar un madero, vea la página 240. |
| **Aceite y grasa** | En pisos encerados— Lave la mancha de aceite o grasa de inmediato. Primero limpie el área con un paño seco y luego con otro un poco mojado. Si la mancha continúa, lávelo con un jabón blanqueador. En pisos de poliuretano— Aplique disolventes minerales o jabón con fosfato sódico tribásico (TSP) untado en un trapo y frote con cuidado la mancha hasta que desaparezca. |
| **Moho o mildiú** | Límpielo con el limpiador recomendado para el acabado de la madera. En pisos encerados, quizás tenga que frotarlos con una esponja de metal #1, luego aplicar nueva cera y brillar. |
| **Daño de la superficie** | Los daños causados por el agua, quemaduras, rayones y golpes, deben ser reparados de inmediato. Remueva la cera o el acabado brillante del piso con una esponja de metal de grado fino o con papel de lija. Después de dejarlo liso y suave, aplique la cera o el acabado de nuevo. |

**Como último recurso,** los pisos con manchas más fuertes quizás tenga que lavarlos con un trapeador mojado. Sólo moje los pisos si el acabado de la superficie está en buena condición. Sólo requerirá un cepillo de espuma humedecido con una mezcla de agua y un jabón limpiador moderado, o con un jabón o detergente con ph (la acidez del jabón) neutral (1 gal.: ½ taza del limpiador). El trapero debe estar apenas humedecido en todo momento. El exceso de agua puede averiar seriamente los pisos de madera. Después de la limpieza, utilice una toalla limpia para secar la superficie por completo.

# Consejos para el mantenimiento: Pisos de concreto ▸

| DAÑO | ARREGLO RÁPIDO |
|---|---|
| **Grasa y aceite** | Se absorbe con arena sanitaria sin perfumes para gatos. Recoja la arena utilizada en la limpieza con un periódico, póngalo en una bolsa plástica y ciérrela. Bote la bolsa en un contenedor para deshechos nocivos. Frote el área con un detergente líquido caliente, para platos o con jabón para ropa y agua. Seque todo con toallas y bótelas como basura nociva. También puede usar un quita grasas para concreto. |
| **Manchas oscuras** | Utilice un blanqueador casero diluido, o diluya una taza de fosfato sódico tribásico (TSP) en un galón de agua caliente. Use un trapo mojado con la solución para limpiar toda el área. |
| **Moho o mildiú** | Mezcle 1 parte de blanqueador con 3 partes de agua caliente. Deje sentar la solución sobre el parche de moho hasta que se levante del piso. Limpie el área con una toalla seca. |
| **Óxido** | Mezcle 1 parte de citrato de sodio con 6 partes de glicerina. Lave el área con un paño. |
| **Cobre, bronce, o tinta** | Mezcle 1 parte de amoníaco con 9 partes de agua. Lave el área con un paño. |
| **Hierro** | Mezcle 1 parte de ácido oxálico con 9 partes de agua. Lave el área con un paño. |
| **Pintura de látex** | Use un raspador para soltar pedazos grandes. Unte un cepillo de cerdas duras con agua enjabonada y frote. |
| **Pintura a base de aceite** | Use un quitapintura o disolvente mineral y un paño para frotar el área. |

*¡Precaución! Cuando trabaje con ácidos u otros limpiadores fuertes, siempre use camisas de manga larga y pantalones, guantes de caucho, gafas protectoras, y un respirador que cumpla o sobrepase las recomendaciones del fabricante. El área de trabajo debe estar bien ventilada.*

# Consejos para el mantenimiento: Pisos de baldosa de cerámica ▸

| DAÑO | ARREGLO RÁPIDO |
|---|---|
| **Descoloramiento** | Para las uniones con masilla, use blanqueador oxigenado en polvo combinado con agua. Deje sentar la solución sobre el área afectada por lo menos 30 minutos. Frote el área suavemente con una esponja o paño. Enjuague el piso con un trapero mojado. Deje secar el piso. |
| **Grasa** | Use una esponja o brocha con agua y limpiador casero. Evite productos de amoníaco. |
| **Sangre, café, jugos, vino, mostaza** | Haga una pasta con agua y bicarbonato de sodio y aplíquela sobre la mancha. Si no funciona, aplique blanqueador oxigenado con agua. Deje sentar la solución sobre el área afectada por lo menos 30 minutos. Enjuague el piso con un trapero mojado. Hágalo varias veces hasta remover el limpiador, pero no moje demasiado el piso. Use una toalla para secar la superficie. |
| **Pintura de látex** | Limpie con cuidado lo más que pueda sin raspar la baldosa. Quite la pintura restante con agua y jabón. Enjuague todo por completo. |
| **Pintura con base de aceite** | Use un quitapintura. Si usa químicos fuertes sobre la baldosa, lave y enjuague bien el área después de la limpieza. Quizás deba aplicar nuevo sellador sobre la superficie. |
| **Óxido o depósitos minerales** | Use productos diseñados especialmente para quitar estas manchas de las baldosas. |
| **Moho o mildiú** | Cepille las manchas sobre las uniones de masilla con un cepillo viejo de dientes untado con un blanqueador fuerte. (No lo use sobre masilla de color; en su lugar use un producto comercial especial). |

Siempre compruebe que los productos utilizados estén diseñados específicamente para el tipo de pisos a limpiar antes de utilizar limpiadores caseros populares. Algunos limpiadores no apropiados pueden despegar la masilla de las uniones. Siempre debe dejar secar el piso por completo después de la limpieza para después aplicar el sellador.

*¡Precaución! Cuando trabaje con ácidos u otros limpiadores fuertes, siempre use camisas de manga larga y pantalones, guantes de caucho, gafas protectoras, y un respirador que cumpla o sobrepase las recomendaciones del fabricante. El área de trabajo debe estar bien ventilada.*

# Consejos para el mantenimiento: Pisos elásticos ▸

| DAÑO | ARREGLO RÁPIDO |
|---|---|
| Cera | Quite con cuidado la cera del piso usando un raspador de plástico. Si la mancha es muy fuerte, siga las sugerencias para quitar la cera encontrada abajo en la tabla para pisos laminados. |
| Lápiz de color | Moje un paño con un disolvente mineral o con el limpiador recomendado por el fabricante y limpie el área. Use un paño mojado para enjuagar todo después de quitar la mancha de color. |
| Jugo de frutas, vino, mostaza | Limpie el área con un paño untado con un blanqueador fuerte o con el limpiador recomendado por el fabricante. Si usa blanqueador, enjuague por completo hasta dejar la superficie brillante otra vez. |
| Marcas de tacones | Frote con un trapo untado con limpiador no abrasivo. |
| Tinta | Frote con un trapo untado con un limpiador a base de cítricos o use alcohol. |
| Esmalte de uñas | Frote con un trapo untado con quitaesmalte a base de acetona. Use un paño mojado para enjuagar toda el área. |
| Pintura | Cuando esté todavía mojada, límpiela con un trapo seco. Luego limpie el área con un trapo untado con disolvente mineral. Si está seca, ráspela con un raspador de plástico, luego quite el resto con un trapo untado con alcohol de limpieza. |
| Marcador permanente | Frote con un trapo untado con disolvente mineral, con quitaesmaltes, o con alcohol de limpieza. Use un paño mojado para enjuagar toda el área. |
| Óxido | Mezcle 1 parte de ácido oxálico con 10 partes de agua; siga con cuidado las direcciones del fabricante debido a que es una sustancia altamente corrosiva. |
| Betún de zapatos | Frote el área con un trapo untado con un limpiador a base de cítricos o con disolvente mineral. |

*¡Precaución! Cuando trabaje con ácidos o químicos, siempre use camisas de manga larga, guantes de caucho, gafas protectoras, y un respirador que cumpla o sobrepase las recomendaciones del fabricante.*

# Consejos para el mantenimiento: Pisos laminados ▸

| DAÑO | ARREGLO RÁPIDO |
|---|---|
| Cera | Coloque una toalla de papel sobre la cera y luego una toalla vieja sobre la misma. Ponga una plancha caliente sobre la toalla unos segundos hasta que la cera se caliente. Quite la cera con un raspador de plástico o con una espátula. |
| Colores, tacones | Frote con un trapo seco o con un poco de acetona. Enjuague el área con un trapo mojado. |
| Jugos de frutas, vino | Frote con un trapo seco o con uno untado con algo de limpiador comercial. Enjuague el área con un trapo mojado. |
| Lápiz labial | Frote con un trapo apenas untado con un poco de acetona o disolvente de pintura. |
| Esmalte de uñas | Moje un trapo con quitaesmalte a base de acetona y friegue el área, luego enjuáguela con un trapo mojado. |
| Pintura | Cuando esté todavía mojada, limpie la pintura de látex con un trapo mojado. Si ya está seca, quítela con un raspador de plástico. |
| Tinta, alquitrán, betún | Frote con un trapo untado de acetona o disolvente de pintura. Enjuague el área con un trapo mojado. |

*¡Precaución! Cuando trabaje con químicos fuertes, siempre use camisas de manga larga, guantes de caucho, gafas protectoras, y un respirador que cumpla o sobrepase las recomendaciones del fabricante.*

# Consejos para el mantenimiento: Alfombra ▶

Existen más soluciones caseras para quitar las manchas de alfombras que clases de este material. Quizás la más popular es el uso de agua con gas (supuestamente capaz de quitar manchas desde vino rojo, hasta café y salsa de tomate). Esta bebida carbonatada de bajo costo utilizada para mezclar, es famosa por sacar las manchas a la superficie para poderlas limpiar, mientras que las sales ayudan a prevenir las manchas. Sin importar si usa remedios caseros o productos comerciales, siempre haga pruebas en sitios escondidos para estar seguro que no va a blanquear o manchar aún más la superficie de la alfombra.

Los fabricantes tienen sus propias recomendaciones en cuanto a productos de limpieza. Siempre consulte al fabricante como primera medida, y siga sus sugerencias.

| DAÑO | ARREGLO RÁPIDO |
|---|---|
| **Bebidas alcohólicas, golosinas, chocolate, huevos, jugo de frutas, salsas (de tomate), mostaza, almíbar, bebidas dulces, orina** | Combine agua, agua con gas y vinagre (o utilice un limpiador de alfombras o champú). Dependiendo el tipo de alfombra que tenga, siga las indicaciones del fabricante. Limpie el área varias veces para sacar la mancha. Deje secar el área por completo y luego aspírela. |
| **Mantequilla, margarina, lápices de colores, lustramuebles, grasa, aceite de motor, perfumes, aderezo aceite vegetal, betún, alquitrán** | Aplique un limpiador en seco; si todavía hay manchas, aplique un champú limpiador de alfombras. Limpie la mancha con el producto, y luego límpiela de nuevo con agua para quitar los residuos del limpiador. Deje secar el área por completo y luego aspírela. |
| **Sangre, excrementos, vómito** | Use una esponja y agua fría. Agregue champú para alfombra, amoníaco o vinagre blanco. Limpie el área hasta que salga la mancha. Luego limpie con agua para quitar el residuo del limpiador. Deje secar el área por completo y luego aspírela. |
| **Goma de mascar** | Enfríe la goma de mascar con cubos de hielo. Raspe lo que más pueda con un cuchillo sin filo. Limpie el área con un trapo y un limpiador en seco. Use un trapo mojado para quitar el residuo del limpiador. Enjuáguelo con frecuencia. Deje secar todo. Aspire. |
| **Cera de veladoras** | Enfríe la cera con cubos de hielo. Raspe lo que más pueda con un cuchillo sin filo. Coloque toallas de papel y papel de envoltura sobre la mancha; use una plancha a nivel intermedio de calor para sacar la cera. Aplique un limpiador en seco, si es necesario. |
| **Esmalte de uñas** | Quite las manchas frescas con detergente ligero y agua. No use quitaesmaltes porque disolverá las fibras de poliéster de la alfombra. Si la mancha está seca use limpiado a vapor. |
| **Marcas de quemaduras** | Si sólo están quemadas las puntas de la fibra, quítelas con cuidado usando una cuchilla con filo o una cuchilla de afeitar. |

**Use una cuchara grande** para recoger los derrames. Las cucharas ayudan a sacar los líquidos sin dañar las fibras de la alfombra. Meta la cuchara hacia el centro del derrame para evitar que se esparza. No refriegue las manchas; sáquelas (ver a la derecha). Aplique una solución de limpiador sobre un trapo o una toalla de papel, luego seque la mancha comenzando desde afuera hacia adentro para evitar esparcir la mancha.

# Recursos

**Black & Decker Corp.**
Herramientas eléctricas y accesorios
800-544-6986
www.blackanddecker.com

**Cali Bamboo**
Pisos de bambú y productos benéficos
  para el medio ambiente
888-788-2254
www.calibamboo.com

**Ceramic Tiles of Italy**
www.italiatiles.com

**Eco Friendly Flooring**
866-250-3273
www.ecofriendlyflooring.com

**Forbo Flooring Systems**
Linóleo en tiras y en baldosas (Marmoleum®)
p. 122
www.forbo-flooring.com

**HomerWood**
Pisos de madera
814-827-3855
www.homerwood.com

**Koetter Woodworking**
Madera de Kentucky
812-923-8875
www.koetterwoodworking.com

**LATICRETE**
Sistemas de calefacción para pisos
  y accesorios
p. 80
800-243-4788
www.laticrete.com

**Mirage**
Pisos de madera pre-fabricados
800-463-1303
www.miragefloors.com

**Oceanside Glass Tile**
Baldosa de vidrio
p. 154
www.glasstile.com

**Red Wing Shoes**
Botas de trabajo y zapatos
  mostrados en esta obra
800-733-9464
www.redwingshoes.com

**Room & Board**
800-301-9720
www.roomandboard.com

**SnapStone**
Sistema de porcelana flotante
p. 160
877-263-5861
www.snapstone.com

**Teragren Fine Bamboo Flooring,
  Panels & Veneer**
Pisos de bambú
p. 102
800-929-6333
www.teragren.com

# Fotografías y reconocimientos

Pág. 14, izq. / foto cortesía de HomerWood
Pág. 15, arriba a la izq. y abajo a la der. /
  iStock photo
Pág. 15, arriba a la der. y mitad a la der./
  Shutterstock
Pág. 16, Izq. / Shutterstock
Pág. 17, Izq. / Shutterstock
Pág. 18, ambas / Shutterstock
Pág. 19, arriba / Photolibrary
Pág. 19, abajo / foto cortesía de
  Forbo Flooring Systems
Pág. 21, todas arriba / Shutterstock
Pág. 22, todas / iStockphoto
Pág. 24 / iStockphoto
Pág. 25, arriba a la Izq. / foto cortesía de
  MIRAGE Prefinished Hardwood Floors
Pág. 26, arriba / Shutterstock
Pág. 26, abajo / photo © Brand X Pictures/
  Alamy
Pág. 27, arriba / foto cortesía de
  Ceramic Tiles of Italy
Pág. 27, abajo a la Izq. / foto cortesía de
  Forbo Flooring Systems
Pág. 27, abajo a la der. / Shutterstock
Pág. 28, arriba / foto cortesía de MIRAGE
  Prefinished Hardwood Floors
Pág. 28, abajo / foto cortesía de
  Marmoleum por Forbo Linoleum
Pág. 29, arriba / foto cortesía de
  Ceramic Tiles of Italy
Pág. 29, abajo / Red Cover/Alamy
Pág. 30, arriba / foto cortesía de Teragren
Pág. 30, abajo a la Izq. / foto cortesía de
  Marmoleum

Pág. 30, abajo a la der. / foto cortesía de
  Ceramic Tiles of Italy
Pág. 31, arriba / Shutterstock
Pág. 31, abajo / foto cortesía de
  Ceramic Tiles of Italy
Pág. 32, arriba / foto cortesía de
  Room and Board
Pág. 32, abajo / Shutterstock
Pág. 33, arriba / Red Cover/Alamy
Pág. 33, abajo / foto cortesía de
  Ceramic Tiles of Italy
Pág. 34, arriba / foto cortesía de Armstrong
Pág. 34, abajo a la izq./ iStockphoto
Pág. 34, abajo a la der. / Photolibrary
Pág. 35, arriba / foto cortesía de Cali Bamboo
Pág. 35, abajo / foto cortesía de
  Ceramic Tiles of Italy
Pág. 36, arriba / foto cortesía de Marmoleum
Pág. 36, abajo / foto cortesía de
  Ceramic tiles of Italy
Pág. 37, arriba / foto cortesía de
  Ceramic Tiles of Italy
Pág. 37, abajo / foto cortesía de HomerWood
Pág. 38, arriba / foto cortesía de
  Room and Board
Pág. 39, arriba / foto cortesía de Kohler
Pág. 39, abajo / iStockphoto
Pág. 40, arriba / foto cortesía de
  Room and Board
Pág. 40, abajo / foto cortesía de
  Ceramic Tiles of Italy
Pág. 41, arriba a la Izq. / foto cortesía de
  Ceramic Tiles of Italy
Pág. 41, arriba a la der. / Van Robaeys/Inside/
  Beateworks

Pág. 41, abajo / foto cortesía de Teragren
Pág. 42, arriba / foto cortesía de
  Forbo Flooring Systems
Pág. 42, abajo / foto cortesía de
  Forbo Flooring Systems
Pág. 43, arriba a la Izq. / foto cortesía de
  Ceramic Tiles of Italy
Pág. 43, arriba a la der. / foto cortesía de
  Teragren
Pág. 43, abajo / foto cortesía de
  Ceramic Tiles of Italy
Pág. 44, arriba / foto cortesía de Teragren
Pág. 44, abajo / foto cortesía de
  Eco Friendly Flooring
Pág. 45, arriba / foto por Benny Chan
  Photography, cortesía de Plyboo
Pág. 45, abajo / foto cortesía de
  Ceramic Tiles of Italy
Pág. 100, arriba / foto cortesía de
  Oshkosh Designs
Págs. 103-107 / Bambú cortesía de Teragren
Pág. 108 / foto cortesía de
  Kentucky Wood Floors
Pág. 122 / foto cortesía de
  Forbo Flooring Systems
Pág. 123 / foto cortesía de
  Forbo Flooring Systems
Pág. 126, Izq. / foto cortesía de Armstrong
Págs. 154-155 / photos © Oceanside Glass Tile
Pág. 172 / foto cortesía de BLTC
Pág. 174 / foto cortesía de LivedIn Images
Pág. 185 / Shutterstock
Pág. 214 / foto cortesía de Armstrong

# Tablas de conversión

## Dimensiones de los maderos

| Nominal - USA | Actual - USA (en pulgadas) | Métrico |
|---|---|---|
| 1 × 2 | ¾ × 1½ | 19 × 38 mm |
| 1 × 3 | ¾ × 2½ | 19 × 64 mm |
| 1 × 4 | ¾ × 3½ | 19 × 89 mm |
| 1 × 5 | ¾ × 4½ | 19 × 114 mm |
| 1 × 6 | ¾ × 5½ | 19 × 140 mm |
| 1 × 7 | ¾ × 6¼ | 19 × 159 mm |
| 1 × 8 | ¾ × 7¼ | 19 × 184 mm |
| 1 × 10 | ¾ × 9¼ | 19 × 235 mm |
| 1 × 12 | ¾ × 11¼ | 19 × 286 mm |
| 1¼ × 4 | 1 × 3½ | 25 × 89 mm |
| 1¼ × 6 | 1 × 5½ | 25 × 140 mm |
| 1¼ × 8 | 1 × 7¼ | 25 × 184 mm |
| 1¼ × 10 | 1 × 9¼ | 25 × 235 mm |
| 1¼ × 12 | 1 × 11¼ | 25 × 286 mm |

| Nominal - USA | Actual - USA (en pulgadas) | Métrico |
|---|---|---|
| 1½ × 4 | 1¼ × 3½ | 32 × 89 mm |
| 1½ × 6 | 1¼ × 5½ | 32 × 140 mm |
| 1½ × 8 | 1¼ × 7¼ | 32 × 184 mm |
| 1½ × 10 | 1¼ × 9¼ | 32 × 235 mm |
| 1½ × 12 | 1¼ × 11¼ | 32 × 286 mm |
| 2 × 4 | 1½ × 3½ | 38 × 89 mm |
| 2 × 6 | 1½ × 5½ | 38 × 140 mm |
| 2 × 8 | 1½ × 7¼ | 38 × 184 mm |
| 2 × 10 | 1½ × 9¼ | 38 × 235 mm |
| 2 × 12 | 1½ × 11¼ | 38 × 286 mm |
| 3 × 6 | 2½ × 5½ | 64 × 140 mm |
| 4 × 4 | 3½ × 3½ | 89 × 89 mm |
| 4 × 6 | 3½ × 5½ | 89 × 140 mm |

## Conversiones métricas

| Para convertir: | En: | Multiplique por: |
|---|---|---|
| Pulgadas | Milímetros | 25.4 |
| Pulgadas | Centímetros | 2.54 |
| Pies | Metros | 0.305 |
| Yardas | Metros | 0.914 |
| Pulgadas cuadradas | Centímetros cuadrados | 6.45 |
| Pies cuadrados | Metros cuadrados | 0.093 |
| Yardas cuadradas | Metros cuadrados | 0.836 |
| Onzas | Mililitros | 30.0 |
| Pintas (USA) | Litros | 0.473 (Imp. 0.568) |
| Cuartos (USA) | Litros | 0.946 (Imp. 1.136) |
| Galones (USA) | Litros | 3.785 (Imp. 4.546) |
| Onzas | Gramos | 28.4 |
| Libras | Kilogramos | 0.454 |

| Para convertir: | En: | Multiplique por: |
|---|---|---|
| Milímetros | Pulgadas | 0.039 |
| Centímetros | Pulgadas | 0.394 |
| Metros | Pies | 3.28 |
| Metros | Yardas | 1.09 |
| Centímetros cuadrados | Pulgadas cuadradas | 0.155 |
| Metros cuadrados | Pies cuadrados | 10.8 |
| Metros cuadrados | Yardas cuadradas | 1.2 |
| Mililitros | Onzas | .033 |
| Litros | Pintas (USA) | 2.114 (Imp. 1.76) |
| Litros | Cuartos (USA) | 1.057 (Imp. 0.88) |
| Litros | Galones (USA) | 0.264 (Imp. 0.22) |
| Gramos | Onzas | 0.035 |
| Kilogramos | Libras | 2.2 |

## Diámetros de los agujeros guía, la altura y abertura de la cabeza

| Tamaño del tornillo | Diámetro de la abertura para la cabeza del tornillo (en pulg.) | Profundidad del hueco para el enroscado (en pulg.) | Diámetro del hueco guía Madera dura (en pulg.) | Madera suave (en pulg.) |
|---|---|---|---|---|
| #1 | .146 (⁹⁄₆₄) | ⁵⁄₆₄ | ³⁄₆₄ | ¹⁄₃₂ |
| #2 | ¼ | ³⁄₃₂ | ³⁄₆₄ | ¹⁄₃₂ |
| #3 | ¼ | ⁷⁄₆₄ | ¹⁄₁₆ | ³⁄₆₄ |
| #4 | ¼ | ⅛ | ¹⁄₁₆ | ³⁄₆₄ |
| #5 | ¼ | ⅛ | ⁵⁄₆₄ | ¹⁄₁₆ |
| #6 | ⁵⁄₁₆ | ⁹⁄₆₄ | ³⁄₃₂ | ⁵⁄₆₄ |
| #7 | ⁵⁄₁₆ | ⁵⁄₃₂ | ³⁄₃₂ | ⁵⁄₆₄ |
| #8 | ⅜ | ¹¹⁄₆₄ | ⅛ | ³⁄₃₂ |
| #9 | ⅜ | ¹¹⁄₆₄ | ⅛ | ³⁄₃₂ |
| #10 | ⅜ | ³⁄₁₆ | ⅛ | ⁷⁄₆₄ |
| #11 | ½ | ³⁄₁₆ | ⁵⁄₃₂ | ⁹⁄₆₄ |
| #12 | ½ | ⁷⁄₃₂ | ⁹⁄₆₄ | ⅛ |

# Índice

# Otras obras Creative Publishing international

**Black & Decker®**
**La Guía Completa sobre**
**Instalaciones Eléctricas**

ISBN: 978-1-58923-485-7

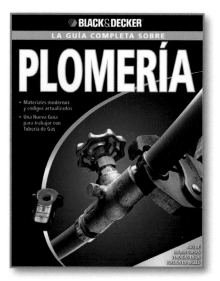

**Black & Decker®**
**La Guía Completa sobre**
**Plomería**

ISBN: 978-1-58923-486-4

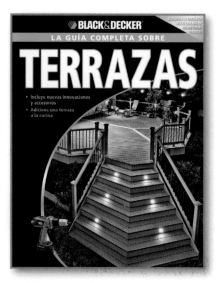

**Black & Decker®**
**La Guía Completa sobre**
**Terrazas**

ISBN: 978-1-58923-490-1

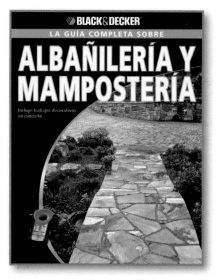

**Black & Decker®**
**La Guía Completa sobre**
**Albañilería y Mampostería**

ISBN: 978-1-58923-491-8

## ¡Pronto a Publicarse en Español!

**Black & Decker**
**La Guía Completa sobre**
**Puertas y Ventanas**
ISBN: 978-1-58923-548-9
• Reparar
• Renovar
• Reemplazar

**Black & Decker**
**Las Guía Completa sobre**
**Decoración con Baldosa**
**de Cerámica**
ISBN: 978-1-58923-517-5
• Técnicas modernas y diseños para pisos, paredes, cocinas, baños y otros acabados atractivos

**Black & Decker**
**La Guía Completa sobre Pisos**
ISBN: 978-1-58923-547-2
• Incluye nuevos productos y técnicas de instalación
• Reparación y acabados de pisos de madera
• Pisos laminados, de baldosa, alfombra y otros

WITHDRAWN

400 First Avenue North • Minneapolis, MN 55401 • www.creativepub.com • www.quaysidepublishinggroup.com